쉽게 배우고
생활에 바로 쓰는

SEASON 4
능력
향상

스마트폰 사진
클라우드로 관리하기

㈜지아이에듀테크 저

iCox
Education by Sympathy

쉽게 배우고 생활에 바로 쓰는

스마트폰 사진 클라우드로 관리하기

초판 1쇄 인쇄	2022년 6월 10일
초판 1쇄 발행	2022년 6월 20일

지은이	㈜지아이에듀테크
펴낸이	한준희
펴낸곳	㈜아이콕스

기획/편집	아이콕스 기획팀
디자인	김보라, 이지선
영업	김남권, 조용훈, 문성빈
마케팅	한동우
영업지원	손옥희, 김효선

iCox
Education by Sympathy

주소	경기도 부천시 조마루로385번길 122 삼보테크노타워 2002호
홈페이지	www.icoxpublish.com
쇼핑몰	www.baek2.kr (백두도서쇼핑몰)
이메일	icoxpub@naver.com
전화	032-674-5685
팩스	032-676-5685
등록	2015년 7월 9일 제 386-251002015000034호
ISBN	979-11-6426-213-7 (13000)

저자의 말

30년째 컴퓨터를 교육면서도 늘 고민합니다. "더 간단하고 쉽게 교육할 수는 없을까? 더 빠르게 마음대로 사용하게 할 수는 없을까?" 스마트폰에 대한 지식이 없는 4살 먹은 어린아이가 스마트폰을 가지고 놀면서 스스로 사용법을 익히는 것을 보고 어른들은 감탄합니다.

그렇습니다. 컴퓨터는 학문적으로 접근하면 배우기 힘들기 때문에 아이들처럼 직접 사용해 보면서 경험적으로 습득하는 것이 가장 빠른 배움의 방식입니다. 본 도서는 저의 다년간 현장 교육의 경험을 살려 책만 보고 무작정 따라하다 발생할 수 있는 실수와 오류를 바로잡았습니다. 컴퓨터를 활용하는 데 꼭필요한 핵심 내용을 중심으로 집필했기 때문에 예제를 반복해서 학습하다 보면 어느새 원리를 이해하고, 활용할 수 있는 단계에 오르게 될 것입니다.

쉽게 배우고 생활에 바로 쓸 수 있게 집필된 본 도서로 여러분들의 능력이 향상되기를 바랍니다. 물론 본 도서는 여러분의 컴퓨터 능력을 향상시킬 수 있는 수많은 방법 중 한 가지라는 말씀도 드리고 싶습니다.

교육 현장에서 늘 하는 말이 있습니다.
"컴퓨터는 종이다. 종이는 기록하기 위함이다."
"단순하게, 무식하게, 지겹도록, 단.무.지.반! 하십시오."
처음부터 완벽하지는 않겠지만 차근차근 익히다 보면 어느새 만족할 만한 수준의 사용자로 우뚝 서게 될 것입니다.

끝으로 이 책이 나올 수 있도록 도움을 주신 지아이에듀테크, ㈜아이콕스의 임직원 여러분들께 감사의 마음을 전합니다.

㈜지아이에듀테크

★ 각 CHAPTER 마다 동영상으로 더 쉽게 학습할 수 있도록 QR 코드를 담았습니다.
   QR 코드로 학습 동영상을 시청하는 방법은 다음과 같습니다.

01 Play스토어에서 네이버 앱을 ❶설치한 후 ❷열기를 누릅니다.

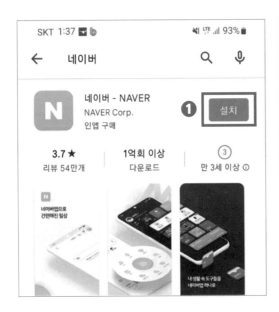 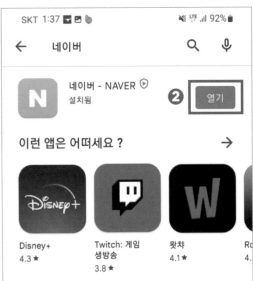

02 네이버 앱이 실행되면 하단의 ❸동그라미 버튼을 누른 후 ❹렌즈 메뉴를 선택합니다.

03 본 도서에서는 Chapter별로 상단 제목 오른쪽에 **⑤**QR 코드가 있습니다. 스마트폰의 화면에 QR 코드를 사각형 영역에 맞춰 보이도록 하면 QR 코드가 인식되고, 상단에 동영상 강의 링크 주소가 나타납니다. **⑥**동영상 강의 링크 주소를 눌러 스마트폰으로 학습할 수 있습니다.

유튜브에서 동영상 강의 찾기

유튜브(www.youtube.com)에 접속하거나, 유튜브 앱을 사용하고 있다면 **지아이에듀테크**를 검색하여 동영상 강의를 들을 수 있습니다. **재생목록** 탭을 누르면 과목별로 강의를 찾아볼 수 있습니다.

목 차

목 차

Chapter 01

네이버 마이박스

클라우드는 사전적 의미로는 구름이란 것으로, 구름은 지구 어느 장소에라도 존재하며 시간과 공간을 초월해 존재하는 것입니다. 사용자가 어느 곳에 있더라도 인터넷이 연결된 곳이라면 저장된 정보를 열어보고 활용할 수 있는 것으로 간단히 말해 내 컴퓨터에 저장하는 것이 아닌 인터넷 연결된 어느 곳이라도 저장되어 활용할 수 있는 것을 말합니다.

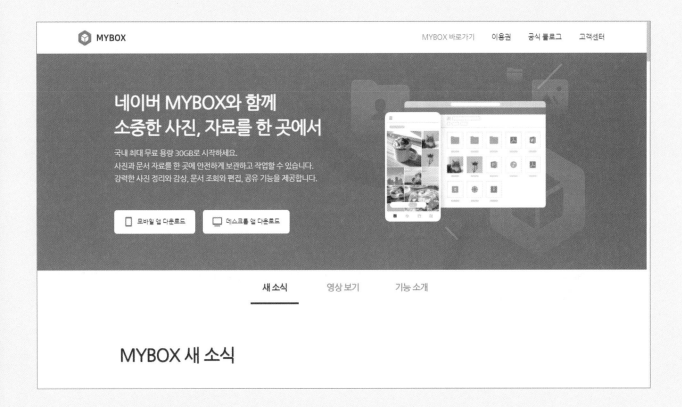

 무엇을 배울까?

01. 네이버 마이박스 설치와 환경설정하기
02. 사진을 옮기고 관리하기

··· 준비물 : 네이버 회원가입이 되어 있어야 합니다.

스마트폰 Play 스토어에서 네이버 MYBOX를 설치하면 특별한 사진이 먼저 보여지게 되는데, 사진이나 파일을 관리하기에는 불편하기 때문에 PC와 같이 사용하려면 폴더로 먼저 보이게 하는 것이 편리합니다.

01 Play 스토어를 실행한 후 검색상자를 터치하여 네이버MYBOX를 키보드로 입력한 후 오른쪽 화면의 검색결과 첫 번째 항목을 터치합니다.

■ 알고 넘어가기

Play 스토어에서 앱을 검색한 후 선택하게 되면 설치화면이 나오기도 하지만 **업데이트** 또는 **열기**가 나오기도 하는데, 이런 경우에는 이미 설치가 되어있기 때문입니다. 업데이트가 나오면 반드시 눌러서 최신 버전으로 변경한 후 사용하시기 바랍니다.

02 **설치** 버튼을 누르면 다운로드 후 설치가 진행되는 화면이 나옵니다. 설치가 끝날 때까지 기다리면 **열기**가 나오는데 설치가 끝났다는 것입니다.

03 앱 화면 마지막에서 **네이버 MYBOX**를 누른 후 액세스를 **허용**합니다.

 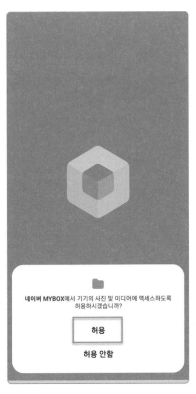

04 마이박스를 실행하면 자동 올리기를 사용하라는 화면이 나오는데, **건너뛰기**를 누른 후 **다시 보지 않기**를 터치합니다.

05 첫 화면이 스토리로 나오면 불편하므로 우측상단의 **프로필** 버튼을 눌러서 설정 화면에서 조절할 수 있습니다.

06 가장 아래에 있는 **MYBOX 설정**을 터치한 후 위로 스와이프해서 **첫 화면 설정**을 터치합니다.

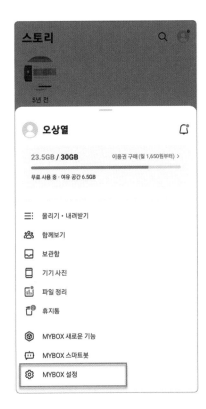
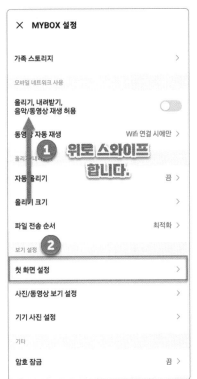

07 첫 화면 설정에서 **파일**을 선택한 후 우측 하단의 **뒤로** 버튼을 여러번 눌러서 네이버 MYBOX를 빠져 나갑니다.

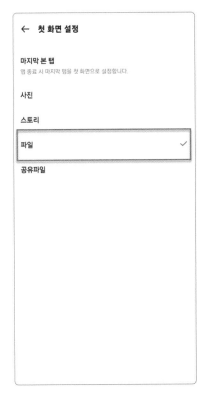

08 홈 화면이 나오면 다시 네이버 MYBOX를 찾아서 실행하면 이제부턴 **파일**이 첫 화면으로 나옵니다.

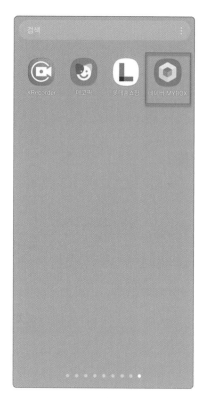

09 네이버 MYBOX에서 최근 실행앱 버튼을 터치해서 마이박스를 **위로 스와이** **프**하거나 **모두 닫기**를 눌러서 닫아줍니다.

01 네이버 MYBOX를 실행한 후 우측 상단의 프로필 버튼을 누릅니다.

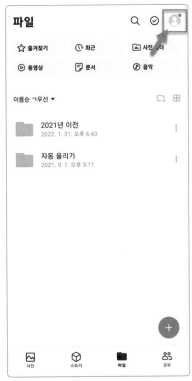

02 MYBOX 설정을 눌러서 자동 올리기를 차례대로 누릅니다.

03 자동올리기를 켬으로 변경하면 아래 항목들이 활성화가 되는데, 여기서 **자동 올리기 대상**을 누른 후, **사진**만 체크하고 **Camera**만 체크합니다.

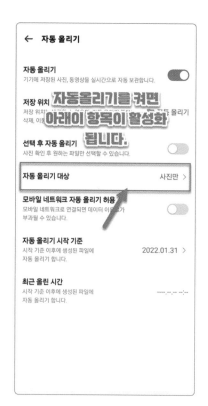
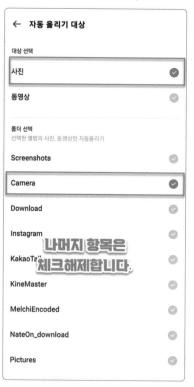

04 자동 올리기 시작 기준을 눌러서 **지금부터 촬영한 파일**을 선택한 후 확인을 누릅니다.

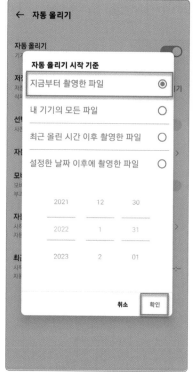

05 ❶최근 실행앱 버튼을 누른 후 ❷모두 닫기를 눌러 네이버 마이박스를 종료한 후, 홈 화면에서 **카메라**를 실행합니다.

06 사진을 한 장 촬영한 후 네이버 마이박스를 열어보면 자동올리기에 사진이 올라온 것이 확인됩니다.(Wi-Fi에서 업로드 됩니다)

01 네이버 MYBOX에서 상단에 보이는 **새 폴더** 버튼을 누릅니다.

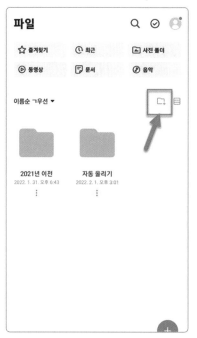

02 폴더 이름을 입력한 후 **확인**을 누르면 폴더가 생성됩니다. 생성된 폴더를 터치해서 열어줍니다.

03 파일 올리기를 누르거나 **+(추가)** 버튼을 눌러서 **갤러리**를 누르면 갤러리 화면이 나오게 됩니다.

04 올려질 사진을 선택 후 하단 **O개 올리기** 버튼을 누른 후 잠시 기다리고 업르드가 끝나면 ❶**완료 기록 삭제**를 누른 후 ❷**닫아줍니다.**

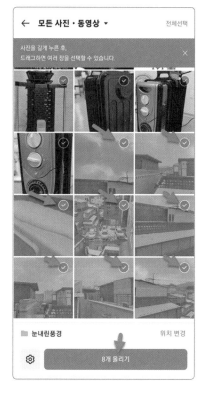 

01-4 ··· 폴더 이름 변경과 이동하기

O1 마이박스에서 폴더 아래에 **더보기(⋯)**를 누른 후 **이름변경**을 선택합니다.

O2 바꿀 이름을 입력한 후 **확인**을 누르면 변경된 폴더명이 보이게 됩니다. 스마트폰은 더보기(⋯)를 누르면 해당하는 메뉴가 나타납니다.

03 올려진 사진 폴더를 자동 올리기로 이동하려고 합니다. 이동하려면 폴더의 더보기(⋯)를 터치한 후 **이동**을 선택합니다.

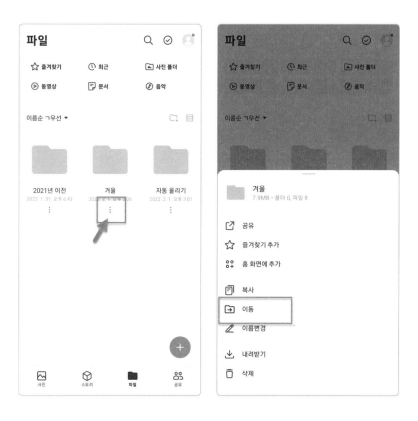

04 **자동 올리기**를 선택한 후 아래에 있는 **여기로 이동**을 누르면 폴더가 이동이 끝납니다. 자동 올리기를 눌러서 확인해 보세요.

1 네이버 마이박스에서 자동 올리기를 해제시켜 보세요.

2 자동 올리기 폴더에 이동되었던 폴더를 다시 원래 마이박스 홈(루트)에 이동
시켜 주세요.

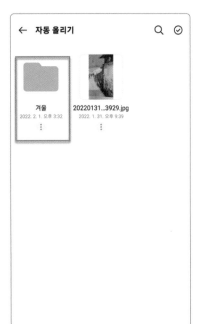

③ 카메라 앱을 이용하여 현재 수업하고 있는 교육장 장면을 4장 정도를 촬영하여 네이버 마이박스에 교육장 폴더를 생성한 후 업로드해 보세요.

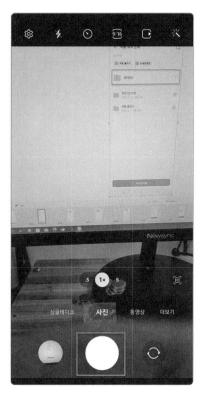

④ 네이버 마이박스에서 교육장 폴더를 마이박스에서 삭제해 보세요.

모임과 폴더 공유하기

공유라는 기능은 SNS 시대의 대표 용어중 하나로 소유의 개념이 아닌 나눔이라는 개념에 가깝기 때문에, 21세기를 살아가는 우리는 이제 공유에 대해 거리감을 두고나 두려워할 대상이 아닙니다. 신세대는 아니지만 신세대와 같은 시대를 살아가는 세대이기에 어느 정도는 발맞춰 나아가야 하는 것입니다.

🔍 무엇을 배울까?

01. 네이버 마이박스 멤버 초대와 공유하기

02. 모임에 자료(사진, 동영상) 올리기

··· 준비물 : 스마트폰과 촬영한 사진 및 동영상

01 우측 상단의 프로필 버튼을 눌러서 함께보기를 선택합니다.

02 +버튼을 누른 후 모임의 이름을 입력하고 완료 버튼을 누릅니다.

03 새모임의 프로필 사진을 변경하기 위해 **카메라** 버튼을 눌러서 **갤러리**를 선택합니다.

04 작업을 수행할 앱은 **갤러리**를 터치해서 선택한 후, 갤러리가 열리면 **앨범**에서 **카메라**를 선택합니다.

05 카메라로 촬영한 사진들 중 커버 이미지에 적당한 사진을 선택한 후, 화면 아래에서 **대표 사진으로 적용하기**를 터치합니다.

06 화면 하단의 **완료** 버튼을 눌러서 모임 작성을 마칩니다. 새 모임에 멤버를 초대하기 위해 **초대하기**를 누릅니다.

07 멤버 초대 화면에서 **카카오톡**으로 초대하도록 한 후, 초대할 친구를 선택한 후 우측 상단의 **확인**을 누릅니다.

08 친구가 네이버 마이박스가 설치되어 있으면 모임에 참석할 수 있고, 설치가 되어 있지 않을 때에는 설치작업이 진행됩니다.

01 마이박스 프로필에서 **함께보기**를 누르고 **모임 아이콘**을 누릅니다.

02 하단 **+(추가)** 버튼을 누르고, **마이크**를 눌러서 음성을 올리도록 합니다.

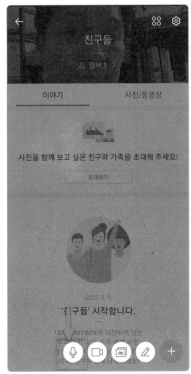

03 마이박스에 올려진 것만 목록에 나옵니다. 샘플이므로 아무 오디오나 선택해서 **모임에 추가**를 누르고 **완료**를 누릅니다.

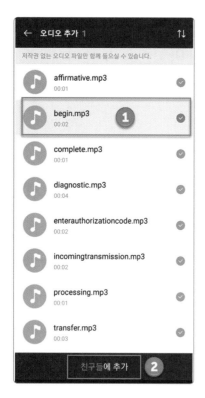

04 **모임으로 바로가기**를 눌러서 타임라인이 나오면 재생 버튼을 눌러서 오디오를 들어봅니다. **+ 버튼**을 눌러서 추가하도록 합니다.

05 이번에는 **동영상**을 추가합니다. 동영상도 역시 마이박스에 올려진 것만 목록에 나옵니다. **정렬** 버튼을 눌러서 순서를 변경합니다.

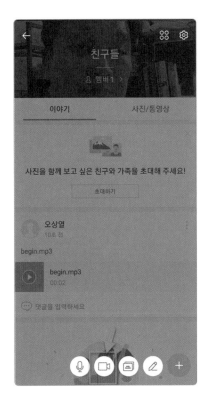

06 **올린날짜 최신순**을 눌러서 원하는 동영상을 한 개 선택한 후 하단의 **모임에 추가** 버튼을 누릅니다.

07 동영상에 맞는 **제목을 입력**한 후 하단의 **완료** 버튼을 누르면 마이박스에 있는 영상이므로 빠르게 연결됩니다.

08 **+(추가)** 버튼을 눌러 **사진**을 선택한 후 추가할 것은 마이박스의 **사진 폴더**를 선택합니다.

09 사진 폴더를 누르면 마이박스에 있는 사진 폴더가 나옵니다. 모임에 추가할
사진 폴더를 선택해서 추가할 사진을 선택합니다.

10 제목이 자동으로 입력이 되며, 변경하려면 제목을 입력한 후 **완료** 버튼을 눌
러줍니다. 추가가 끝나면 **모임으로 바로가기**를 누릅니다.

11 마지막으로 **+(추가)** 버튼을 눌러서 **연필(글)** 버튼을 선택해서 글을 입력합니다.

 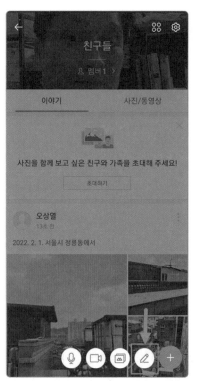

12 메시지를 아래처럼 입력한 후 우측 상단의 **완료**를 누릅니다. 글 입력이 끝나면 댓글 부분을 터치해서 댓글을 달아보세요.

01 우측 상단의 **환경설정**을 눌러준 후 이름을 터치합니다.

02 이름을 변경한 후 프로필 **카메라**를 눌러서 **갤러리**를 선택합니다.

03 연결할 앱을 **갤러리**로 선택한 후 사진을 찾아서 선택합니다. 모임이므로 여러 사람이 함께 촬영된 사진이 적당합니다.

04 **대표 사진으로 적용하기**를 눌러서 **완료**를 누릅니다. 모임에 사진이 올라오면, 스마트폰이 알려주는 것을 끄기 위해 알림받기를 끕니다.

 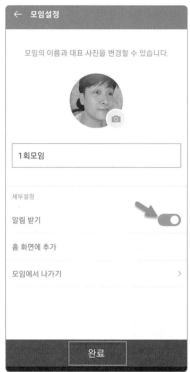

05 게시된 내용을 수정하려면 해당 게시글에서 …**(더보기)**를 눌러 **수정하기**를 누릅니다.

06 수정할 내용을 편집하거나 입력한 후 **완료**를 눌러줍니다. 게시물을 삭제하려면 …**(더보기)**를 눌러줍니다.

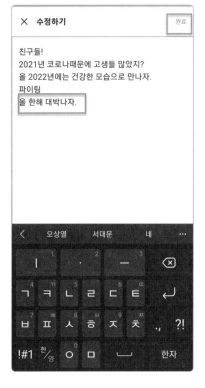
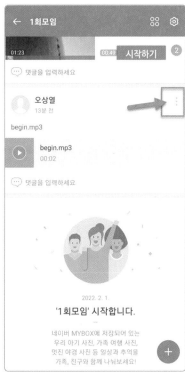

07 메뉴가 나오면 **삭제하기**를 누르고, 함께보기에서 빼겠냐는 메시지에서 **예**를 눌러줍니다.

08 모임에 올라온 동영상을 내 휴대폰에 저장할 수도 있는데 …(더보기)를 눌러서 **기기에 저장하기**를 눌러줍니다.

01 공유할 폴더의 ···(더보기)를 눌러서 **공유** 버튼을 선택합니다.

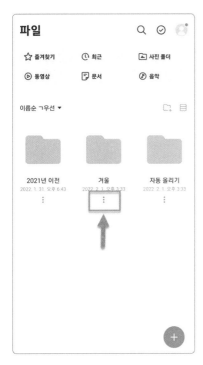

02 폴더에 멤버 초대를 누른 후 연락처 액세스에 **허용**을 누릅니다.

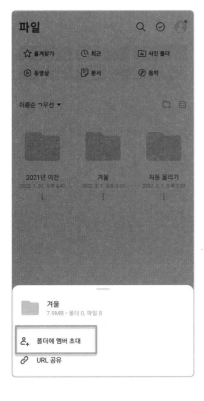

03 공유할 친구를 선택했으면 하단의 **1명 초대하기** 버튼을 누릅니다. 폴더 안의 사람모양은 공유를 의미하고 …(더보기)를 누릅니다.

04 공유 버튼을 눌러 공유된 친구의 **연필**을 누르면 **친구가 수정은 못하고 보는 것만 하도록** 작업권한을 변경할 수 있습니다.

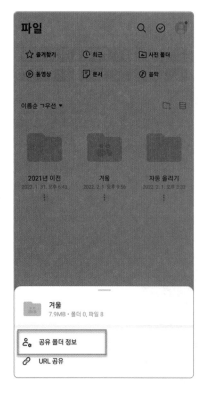

05 아래와 같이 연필에 금지를 클릭하면 수정도 할 수 있도록 변경되며, 상단의
공유해제 버튼을 누르면 이 폴더를 볼 수 없습니다.

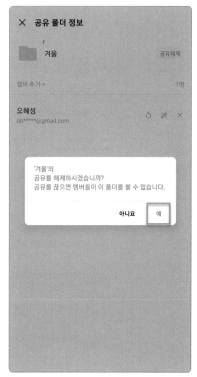

06 공유가 해제되면 폴더에 사람 모양이 사라지고 일반 폴더로만 보이게 됩니다.

1 네이버 마이박스에 보고서 폴더를 생성한 후 사진을 올려 보세요.

2 함께하기에서 회사라는 모임을 만들어 보고서 폴더의 사진을 게시해 보세요.

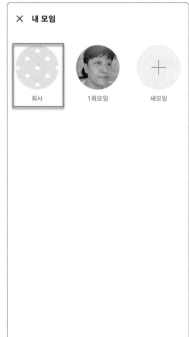

03 마이박스 활용하기

네이버 마이박스는 단순히 사진, 동영상 등을 보관하는 곳이 아니라 보관된 사진을 메일, 블로그, 카페 등 여러 곳에 포스팅할 수도 있습니다. 마이박스 자체로 사진을 편집하는 기능도 스마트폰과 PC 버전 모두 동일하게 지원하고 있습니다.

🔍 무엇을 배울까?

01. 네이버 마이박스 자료를 네이버 메일과 카카오톡으로 보내기

02. 네이버 메일로 온 파일을 네이버 마이박스에 저장하기

⋯ 준비물 : 네이버 메일 앱과 카카오톡 앱이 설치되어 있어야 합니다.

01 카메라를 실행하여 셀피를 1장 촬영한 후 갤러리에서 촬영된 사진을 선택한 후, 하단의 **공유** 버튼을 누른 다음 **네이버 MYBOX** 앱을 찾아서 선택합니다.

02 마이박스 화면 아래에 **위치 변경**을 누르고 **새폴더** 버튼을 누른 후 폴더명을 **"셀피"**로 입력하고 확인을 누릅니다.

 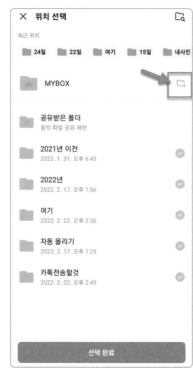

03 화면 하단에 **선택 완료**를 누른 후 다시 화면 하단에 **1개 올리기**를 누릅니다.

04 업로드가 끝나면 **완료 기록 삭제**를 누른 후, **닫기** 버튼을 눌러서 촬영한 사진을 마이박스에 올리는 작업을 마무리 합니다.

01 카메라 앱으로 사진과 동영상을 촬영한 후 갤러리에서 파일을 선택한 후 **"메일전송"**이라는 폴더에 업로드를 합니다. (작업과정은 앞의 3-1 과정과 동일합니다.)

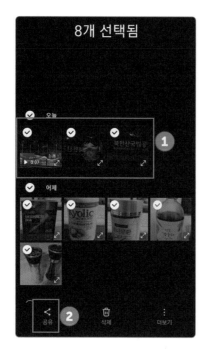
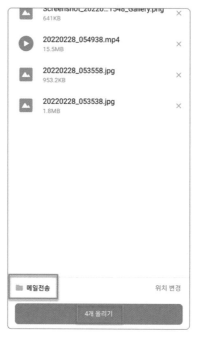

02 업로드가 끝나면 **완료 기록 삭제**를 누르고 **닫기** 버튼을 눌러서 촬영한 사진과 동영상을 마이박스에 올리는 작업을 마무리 합니다.

03 마이박스를 실행하여 **"메일전송"** 폴더를 선택하고 업로드한 파일을 확인한 후, 4장의 파일을 선택합니다. (메일전송 폴더가 안보이면 최근실행 앱에서 마이박스를 닫은 후 다시 실행합니다.)

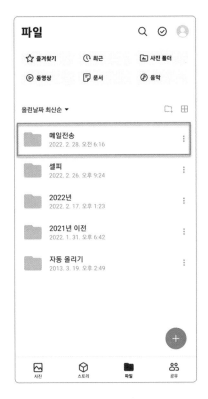
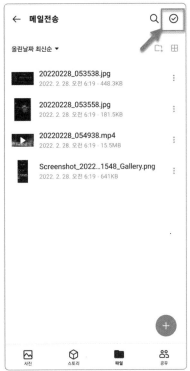

04 하단의 **공유** 버튼을 눌러서 **네이버 메일** 앱을 선택합니다.

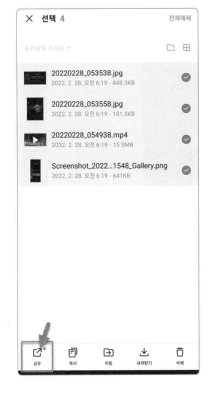

05 받는 사람의 **이메일주소**를 입력하고 **제목**을 적당하게 입력한 후, 본문에 보
내는 내용을 타이핑한 후 상단의 **보내기** 버튼을 누릅니다.

06 네이버 메일 앱의 좌측 상단의 **메뉴**를 누르고 **보낸 메일함**을 눌러서 보낸 것
을 확인합니다.

 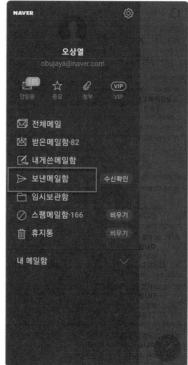

01 네이버 메일 앱을 실행한 후 우측 하단의 **메일쓰기** 버튼을 누릅니다.

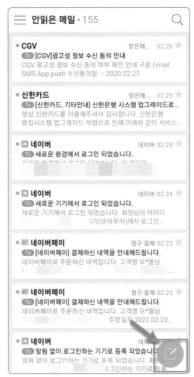

02 받는 사람과 제목, 그리고 본문 내용을 적당하게 입력합니다.

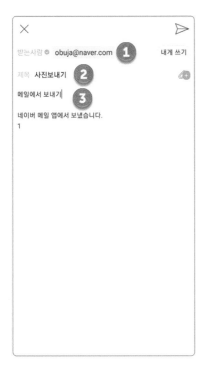

03 제목 오른쪽에 있는 **파일추가** 버튼을 누른 후 4번째 **마이박스** 버튼을 터치합니다.

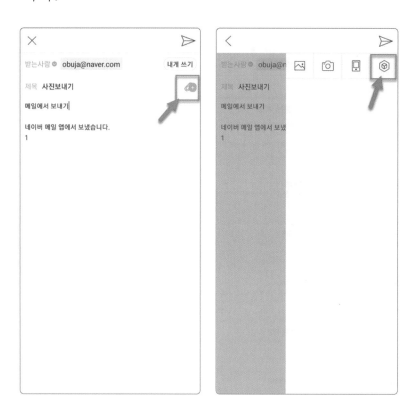

04 모든 파일과 사진 · 동영상을 선택하는 화면에서 **사진·동영상**을 누른 다음 전송할 사진 3장을 선택한 후 화면 하단의 **완료** 버튼을 누릅니다.

05 보낼 사진이 화면에 추가되었으면 오른쪽 상단의 **보내기** 버튼을 누르면 전송
이 끝납니다. **보낸 메일함**을 확인해 봅니다.

06 보낸 메일함에서 방금 **보낸 목록**을 선택한 후 전송된 결과 화면은 아래와 같
이 보입니다.

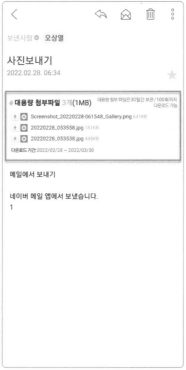

01 마이박스 앱을 실행한 후 **"메일전송"**이라는 폴더를 열어준 후, 사진3장을 선택합니다.

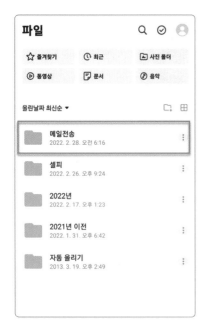

02 화면 하단의 **공유** 버튼을 누른 후, 공유할 앱인 **카카오톡**을 선택합니다.

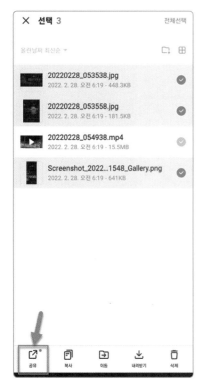

03 카카오톡 친구에서 공유 대상 선택을 **본인을 선택**한 후, 상단의 **확인**을 누르면 전송된 채팅창에 전송된 결과가 보입니다.

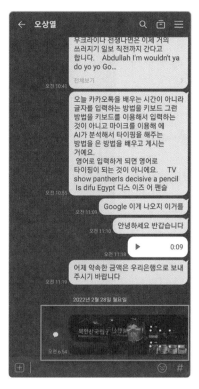

04 카카오톡 앱의 채팅창에서 **+(추가)**를 눌러서 마이박스 앱에 저장된 파일을 보내기 위해 마지막에 있는 **파일**을 누릅니다.

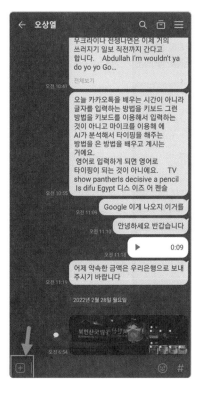
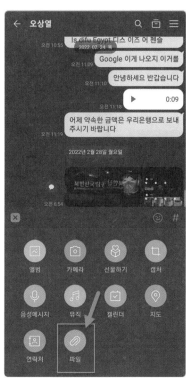

05 다른 앱의 파일 탐색에서 네이버 MYBOX를 누른 후, 사진·동영상을 누릅니다.

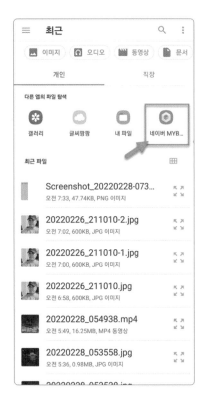

06 마이박스에 있는 전송할 사진을 선택한 후 완료를 누르면 카톡으로 아래와 같이 전송된 결과가 직접 사진으로 보이지 않습니다. 유효기간이 2주일간으로 터치하면 갤러리로 볼 수 있습니다.

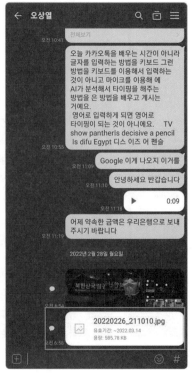

① 본인의 사진을 2장 촬영한 후 갤러리 앱에서 공유 기능을 이용하여 마이박스의 셀피 폴더에 업로드해 보세요.

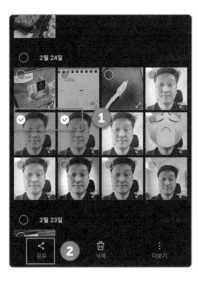
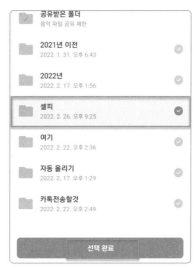

② 주변 사진 3장을 촬영한 후 마이박스에 "메일전송" 폴더에 업로드를 한 후, 3장의 사진을 네이버 메일 앱으로 보내 보세요.

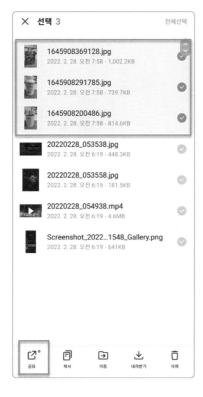

PC 마이박스 사용하기

내 PC에 저장된 파일을 네이버 마이박스에 업로드(UpLoad)하는 방법과 다운로드(DownLoad)하는 방법, 네이버 마이박스의 파일을 이메일로 보내는 과정을 익히게 됩니다.

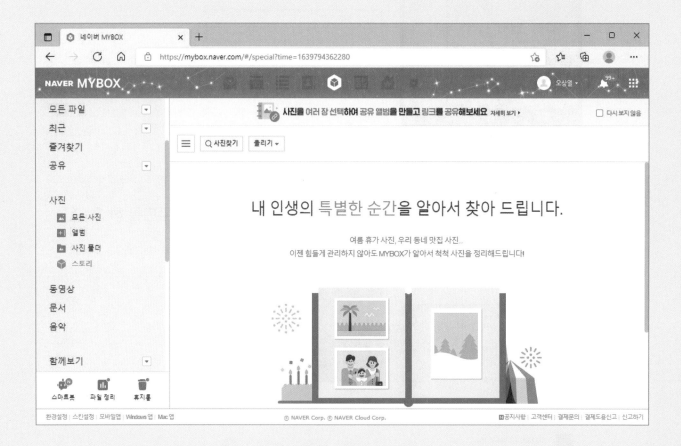

🔍 무엇을 배울까?

01. 네이버 회원가입하기   03. 저장된 자료를 다운로드하기

02. 사진을 마이박스에 보관하기

··· 준비물 : 아이콕스 출판사(http://icoxpublish.com) 자료실-도서부록소스에서 실습파일 다운로드 후 [내 PC]-[사진]에 저장

01 엣지 브라우저를 실행한 후 "네이버"를 입력하고 Enter 를 눌러서 검색합니다.

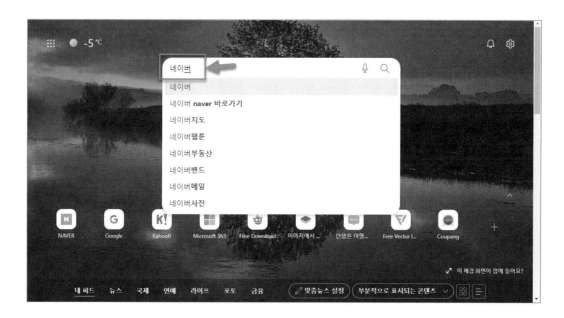

02 검색된 화면에서 네이버-NAVER 링크를 클릭해서 네이버 사이트로 이동합니다.

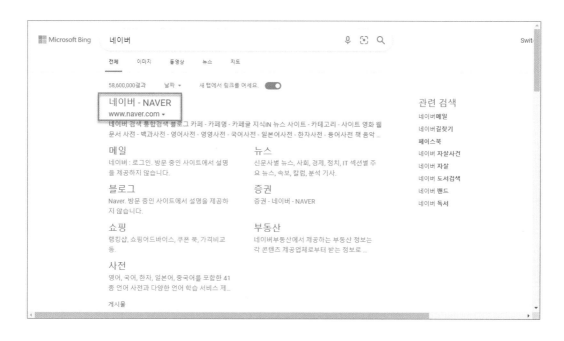

03 화면에서 로그인을 할 수 있는 버튼 주변에 **회원가입**을 찾아서 클릭합니다. 이미 네이버 회원가입이 되어있으면 가입하지 않습니다.

04 ❶네이버 이용약관, 개인정보 수집에 모두 동의를 체크한 후 ❷확인을 클릭합니다.

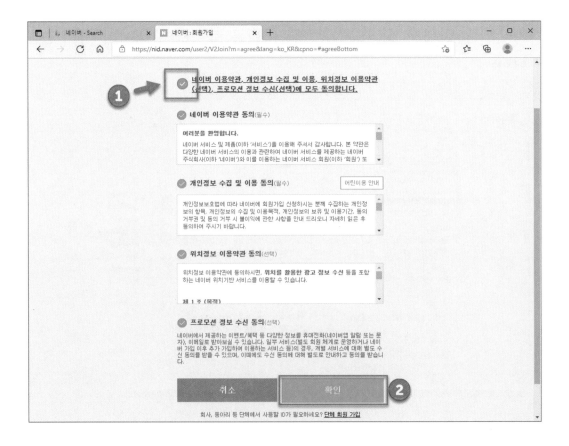

05 아이디, 비밀번호, 이름, 생년월일, 성별을 차례대로 입력합니다. 화면이 크면 다른 내용도 보이지만 안보이면 스크롤바를 아래로 내리면 다음 내용이 나옵니다.

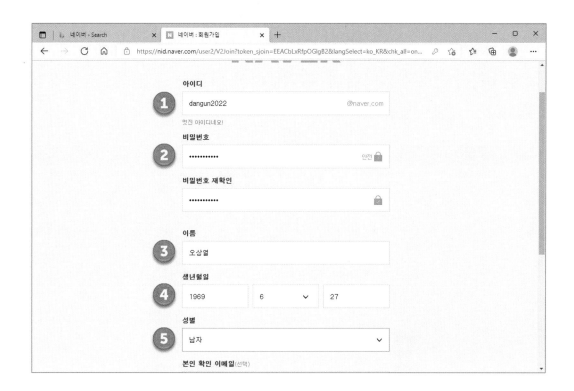

❶ 아이디는 반드시 영어 소문자로 시작해서 숫자를 함께 입력해서 사용해야 합니다. 다른 사이트에서 사용하는 본인의 아이디와 동일한 것도 사용이 가능합니다.

❷ 비밀번호는 영어소문자, 숫자, 특수문자를 함께 사용해서 만들어야 하며, 비밀번호 재확인 칸에도 동일하게 입력해서 확인합니다.

❸ 이름은 띄어쓰기 하지 않고 입력합니다.

❹ 생년월일에서 년도는 4자리로 입력하고, 월은 드롭다운을 눌러서 고른 후 일은 2자리로 입력합니다. 5일이면 05를 입력하면 되는데 05가 안된다고 하면 5를 입력해 보세요.

❺ 성별은 본인이 원하면 선택할 수 있으며 원하지 않을 경우 선택안함을 골라서 사용해도 됩니다.

06 본인 확인 이메일은 선택사항이라 입력하지 않아도 됩니다. 본인 확인을 위해 **❻휴대전화**가 선택된 상태로 그대로 건들지 않은 상태에서 **❼휴대전화번호**를 01012345678과 같이 -(대시)를 입력하지 않고 **휴대폰번호숫자**만 입력한 후 **❽인증번호 받기** 버튼을 클릭합니다. 이제는 휴대전화(스마트폰)의 문자메시지를 열어보면 네이버에 보낸 인증번호 6자리를 확인한 후 **❾칸에 전송된 6자리 번호**를 입력한 후 **❿가입하기** 버튼을 클릭하면 회원가입은 끝납니다.

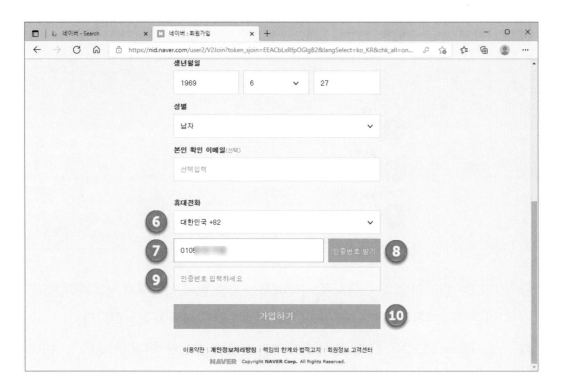

※ 인증번호를 발송한 후 30분 내에 인증번호 입력하세요라는 칸에 입력하면 됩니다. 이미 가입된 번호이거나, 가상전화번호는 인증번호를 받을 수 없습니다. 혹시 인증번호가 오지 않는 경우가 있다면, 네이버(☎1588-3820)에서 보내는 문자를 차단했을 수 있기 때문에 문자메시지 설정에서 수신차단을 해제한 후 다시 인증번호 받기를 해야 합니다.

※ 휴대전화 인증을 통해 가입할 수 있으며, 동일한 번호로 한달에 1회, 6개월에 3회, 최대 3개의 아이디만 가입 가능합니다. 아이디 한 개를 탈퇴한 후 재가입을 할 수는 있으나, 정보가 파기될 때까지 데이터 처리에 시간이 최대 5일이 소요되어 즉시 재가입은 불가합니다.

01 네이버 사이트의 홈페이지(처음페이지)에서 **로그인**을 클릭합니다.

02 ❶**네이버 아이디와 비밀번호**를 정확하게 입력한 후 ❷**로그인** 버튼을 클릭합니다. 이때, 로그인 상태유지의 체크를 해제한 상태인지 확인합니다. 만약 여러 사람이 사용하는 공용PC라면 QR코드 로그인을 사용하면 안전하게 사용할 수 있습니다.

03 새로운 기기(브라우저)에서 로그인되었다는 메시지가 나오는데 자주 사용하는 기기라면 등록을 누르고, 그렇지 않다면 **등록안함**을 누르면 되는데 가급적 안전한 사용을 위해서 등록안함을 누릅니다.

04 네이버 네비게이션 바에 있는 **메일**을 클릭합니다. 물론 여기에서 네이버 마이박스를 검색해서 링크를 타고 가도 됩니다. MYBOX라는 링크를 누르면 무조건 이동하게 됩니다.

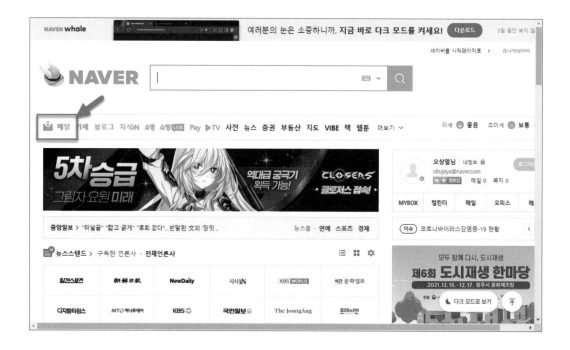

05 네이버 메일이 열리면 상단에 여러 가지의 앱(도구) 아이콘이 보이는데, 여기서는 5번째에 있는 아이콘이 마이박스에 해당합니다. 클릭해서 이동합니다.

06 네이버 마이박스가 펼쳐지는데 아래의 화면은 마이박스를 처음 열었을 때 나오는 화면이고, 설정이 다르게 되어 있으면 아래처럼 보이지 않고 설정한 화면으로 보이게 됩니다.

04-3 ··· 마이박스에 파일 올리기

01 내 컴퓨터에 저장된 사진을 네이버 마이박스에 올리기 위해 **올리기** 단추를 클릭합니다. (**스토리**가 클릭된 상태에서 진행합니다)

02 올리기 드롭다운을 클릭하면 파일 올리기와 폴더 올리기가 나오는데, 여기서는 파일을 올릴 것이기 때문에 **파일 올리기**를 클릭합니다.

03 업로드할 샘플파일을 이용할 것이므로, ❶사진 라이브러리를 클릭한 후 ❷ 컴퓨터활용 1을 클릭한 후 ❸열기를 클릭합니다. (아이콕스 홈페이지에서 실습파일을 미리 다운로드하세요.)

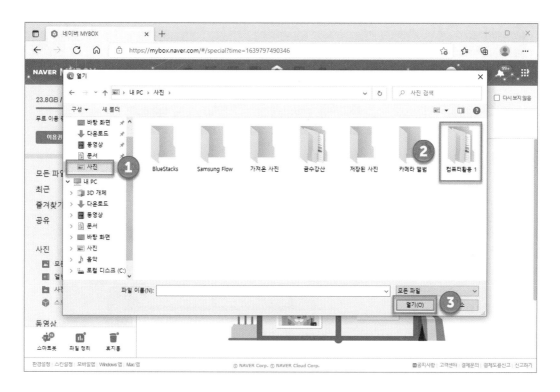

04 PPT와 여행앨범 폴더가 있는데 여기서는 ❹여행앨범을 선택한 후 ❺열기를 클릭합니다. 실제 여러분이 올릴 사진이 들어있는 폴더를 선택하는 것이 맞지만 여기서는 연습을 위한 것입니다.

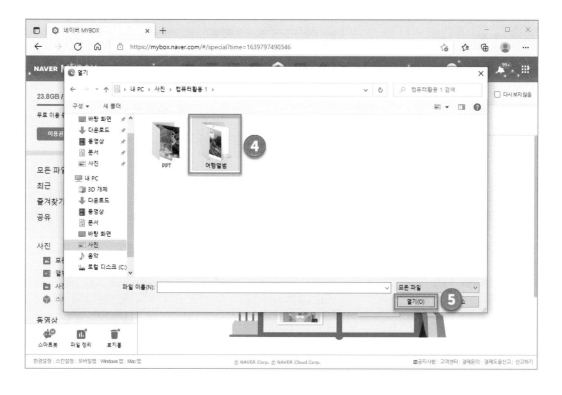

05 보이는 사진에서 사진 4장을 선택하기 위해, ❶01 사진에 클릭한 후 ❷04 사진에 Shift 를 누른 상태에서 클릭한 후 ❸열기 버튼을 클릭합니다.

06 사진(파일)을 올려 놓을 장소를 선택해야 하는데, 원하는 폴더가 없을 것입니다. MYBOX(루트)를 클릭하면 새 폴더 만들기 나옵니다.

07 오른쪽 상단에 **새 폴더 만들기**가 보이게 되는데, 클릭해서 폴더를 만들어주는 것이 좋습니다. 사진을 아무 곳에나 보관하면 관리가 잘 안되므로 정리정돈을 잘하려면 폴더를 이용하세요.

08 새 폴더가 파란색으로 나오는데 **정동진**을 입력한 후 반드시 Enter 를 누른 후 **확인**을 클릭하는 순간 업로드가 진행이 됩니다.

09 네이버 MYBOX 올리기 대화상자가 나오는데 파일을 4장만 올렸기 때문에 100% 완료가 바로 끝납니다. 전송용량이 많으면 시간이 많이 걸릴 수 있습니다. **완료**를 눌러서 창을 닫아줍니다.

10 파일 올리기가 완료된 후 왼쪽 창에서 사진그룹에 있는 **❶사진 폴더**를 클릭하고 오른쪽 창에서 **❷정동진** 폴더를 눌러서 업로드한 사진 4장이 잘 올라왔는지 확인합니다.

01 왼쪽 창 카테고리에서 모든 파일의 드롭다운 버튼을 클릭하면 폴더를 확장해서 볼 수 있습니다.

02 왼쪽 폴더창에서 사진(파일)이 있는 폴더를 선택하면 오른쪽으로 파일이나 폴더가 보이게 됩니다. 왼쪽 창의 정동진 폴더를 클릭합니다.

03 다운로드할 파일에 마우스를 올려놓은 후 옵션 버튼을 클릭해서 다운로드할 파일을 선택합니다. 여기서는 4개의 파일을 선택하도록 합니다.

04 내려 받을 파일을 선택하면 아래처럼 내려받기 버튼이 나오는데 파일을 선택 하지 않으면 올리기 버튼으로 표시됩니다. **내려받기** 버튼을 클릭합니다.

05 여러 개의 파일을 다운로드할 경우에는 허용할 것인지, 거부할 것인지 묻는 상자가 나오게 되는데 반드시 **허용**을 눌러서 다시 다운로드를 시도합니다.

06 상단 도구모음줄에 다운로드 결과상자가 나옵니다.

07 내려받는 위치는 자동으로 **다운로드** 라이브러리로 정해져 있으므로 파일 탐색기를 실행한 후 확인합니다.

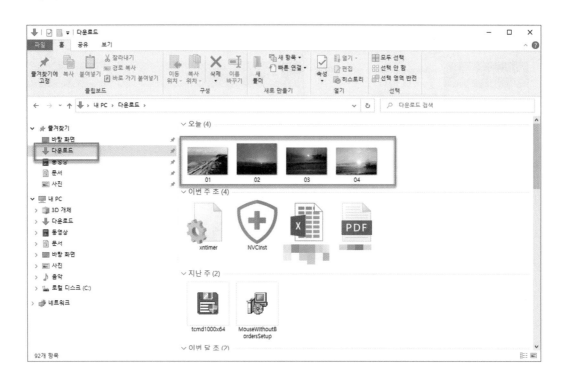

혼자 해 보기

❶ **사진** 라이브러리에 있는 **컴퓨터활용1 - PPT**폴더의 사진 10장을 네이버 마이박스에 **PPT** 폴더를 만들어서 업로드해 보세요.

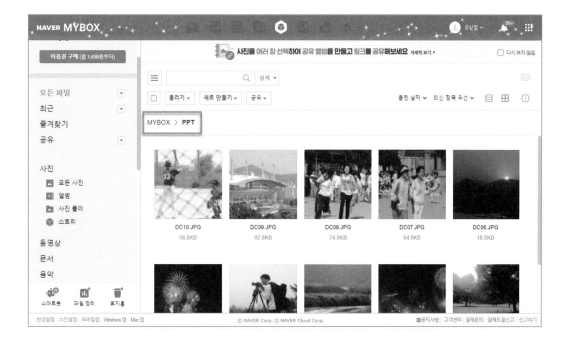

❷ 네이버 마이박스의 **PPT** 폴더에 올려진 **사진 4장**을 선택해서 내 PC의 **다운로드** 라이브러리에 다운로드해 보세요.

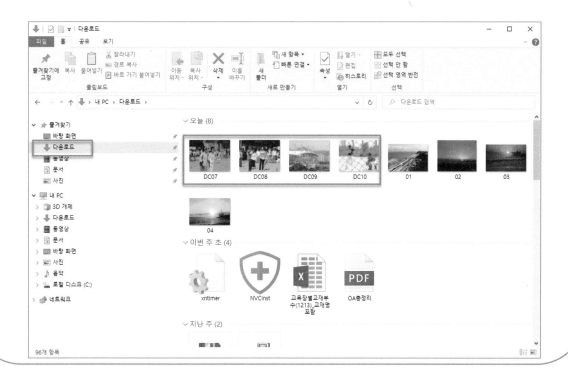

❸ 네이버 마이박스의 **PPT** 폴더를 **정동진** 폴더로 이동해 보세요. 이동할 때 옮길 폴더가 보이면 이동할 폴더를 드래그하는 것이 가장 쉽고 빠르게 작업할 수 있습니다.

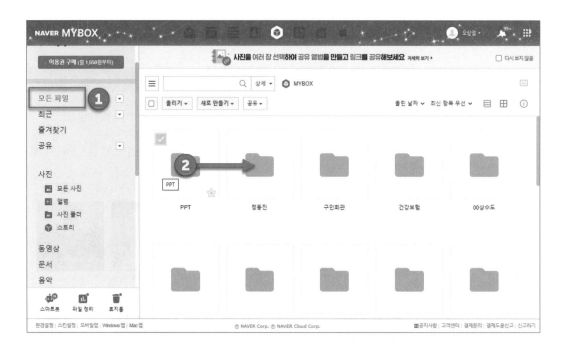

❹ 네이버 마이박스의 **정동진** 폴더를 **국내여행**으로 폴더 이름을 변경해 보세요. 이름을 바꿀 폴더에 마우스 오른쪽을 클릭해서 이름바꾸기를 하는 것도 또 다른 방법입니다.

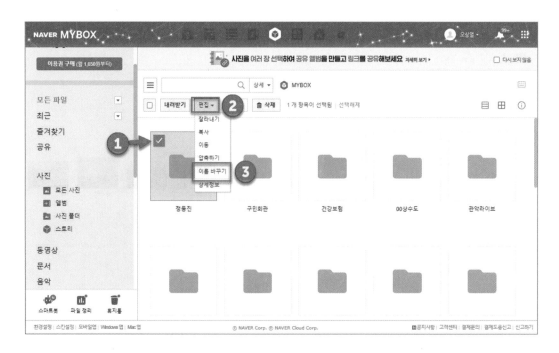

파일탐색기 연동하기

네이버 마이박스를 윈도우에서 기본 제공하는 파일탐색기와 연동해서 사용하게 되면 클라우드를 내 PC에서 폴더를 사용하는 느낌으로 작업할 수 있으며, 사진편집 프로그램에 내장된 저장장치에서 직접 로딩하는 느낌이라 속도에 큰 관계없이 사용할 수 있습니다.

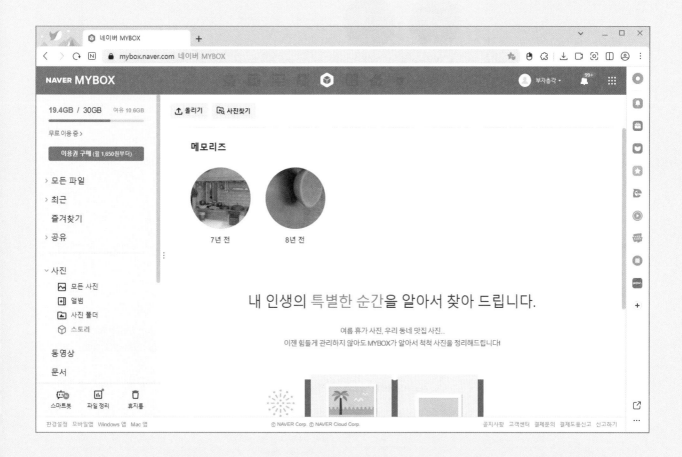

🔍 무엇을 배울까?

01. 파일탐색기에 네이버 마이박스를 드라이브로 연동하기

02. 컴퓨터 파일탐색기를 이용하여 스마트폰 사진 올리기

··· 준비물 : 스마트폰으로 촬영한 사진

05-1 ··· 파일탐색기에 마이박스 연동하기

01 PC에서 네이버 마이박스에 접속한 후 왼쪽 창에서 **MYBOX Window 탐색기**를 클릭합니다.

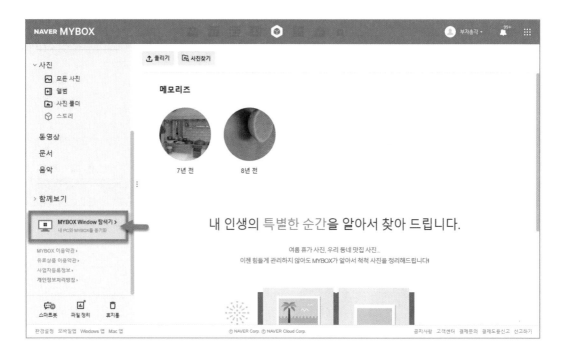

02 MYBOX 탐색기 2.0 다운로드에서 **64Bit** 버튼을 클릭합니다.

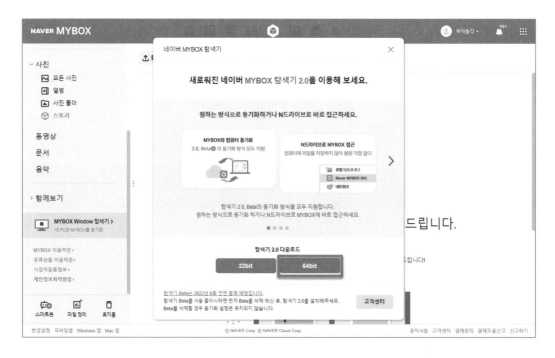

03 웨일 브라우저일 경우 **저장**을 누르고, 다른 브라우저일 경우는 자동으로 다 운로드 폴더에 받아집니다.

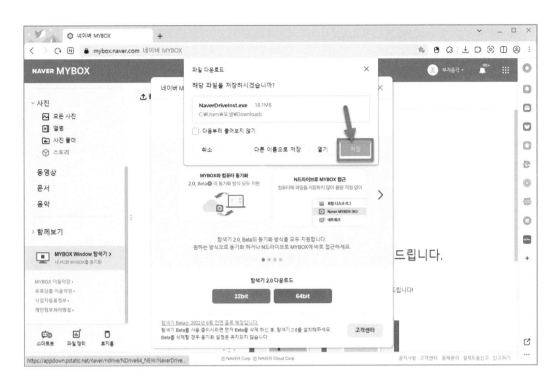

04 다운로드가 끝나면 창을 닫아주고 **파일탐색기 - 다운로드** 폴더에서 방금 다운 로드한 설치파일을 더블클릭해서 설치를 진행합니다.

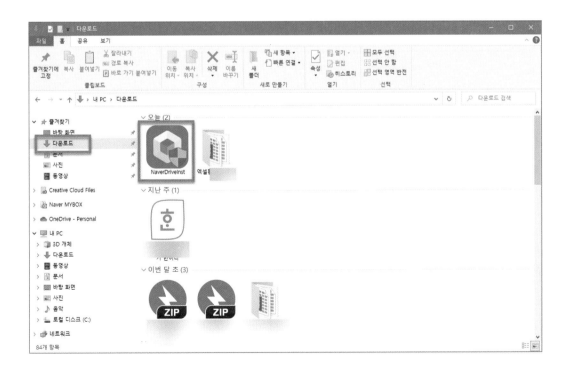

05 네이버 MYBOX 탐색기의 개선 안내문이 나오면 하단의 **로그인**을 클릭합니다.

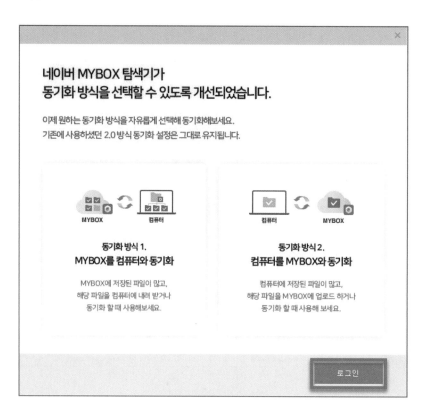

06 윈도우 시작 시 자동실행을 **체크 해제**한 후, 아이디와 비밀번호를 입력해서 **로그인**합니다.

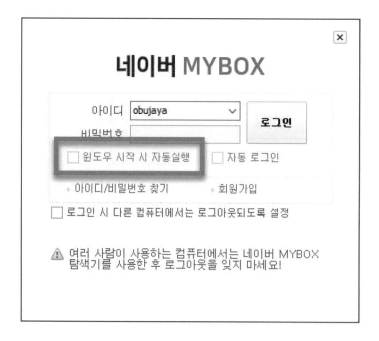

07 이제부터 내 PC를 실행할 때 왼쪽에는 NAVER MBOX(N:) 드라이브가 항상 보이게 됩니다. **<개인 폴더>**를 더블클릭해 봅니다.

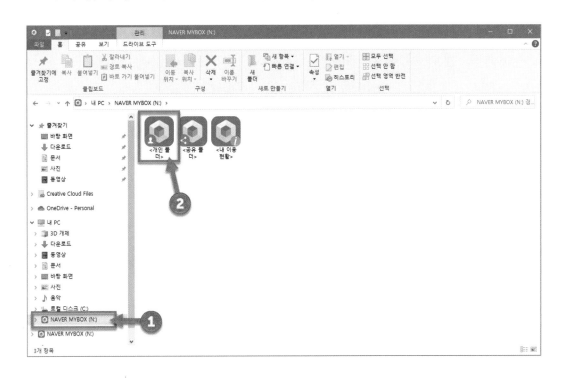

08 인터넷 브라우저를 들어가지 않아도 이제부터 파일탐색기에서 네이버 마이 박스를 직접 열어서 파일관리를 할 수 있습니다.

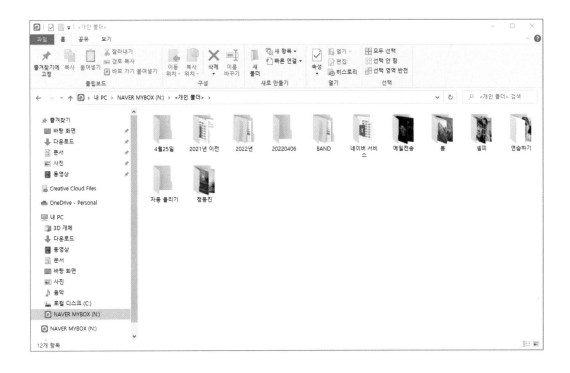

01 스마트폰 셀피 사진을 **2장을 촬영**한 후 USB 케이블을 컴퓨터와 스마트폰에
연결해서 **DCIM** - **Camera** 폴더를 열어줍니다.

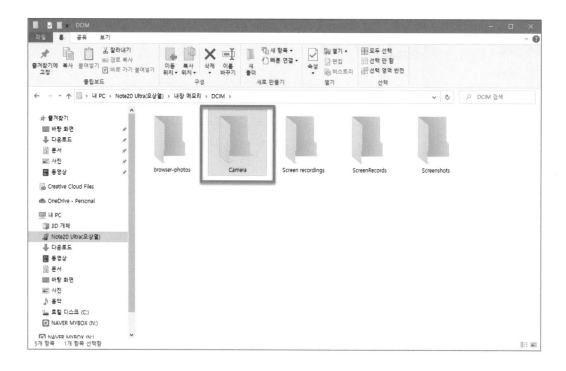

02 촬영한 사진 2장을 선택한 후 마우스 오른쪽 클릭해서 **복사**합니다.

03 NAVER MYBOX(N:)의 <개인 폴더>를 더블클릭으로 열어줍니다.

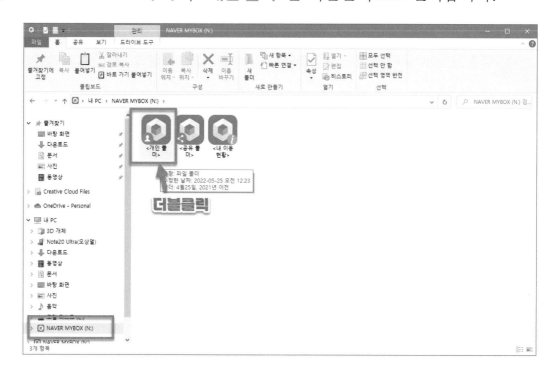

04 도구모음에서 새 폴더를 클릭한 후 셀카사진이라는 폴더를 만들어서 더블클릭으로 열어줍니다.

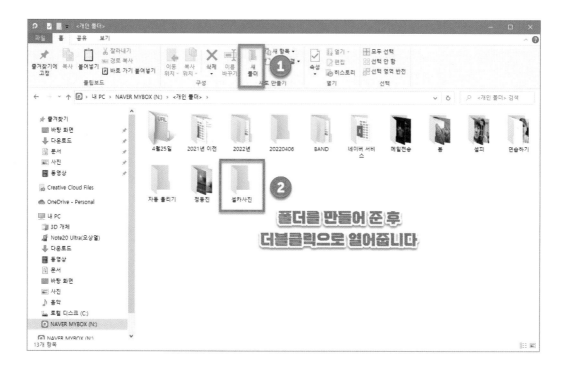

05 만들어진 폴더의 리본메뉴에서 **붙여넣기**를 클릭하거나, 빈 곳에 마우스 오른쪽 버튼을 클릭해서 **붙여넣기**를 선택합니다.

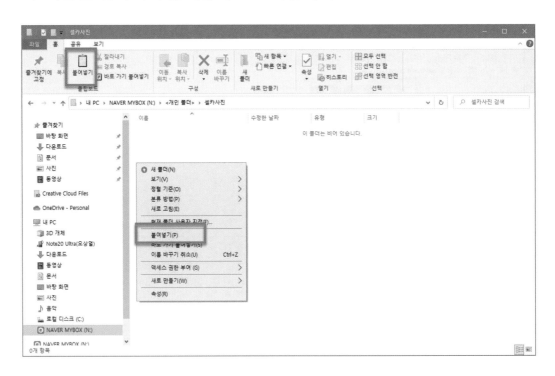

06 2장이 복사되었는데 사진을 미리보기하려면 **보기-큰 아이콘**을 차례대로 누릅니다.

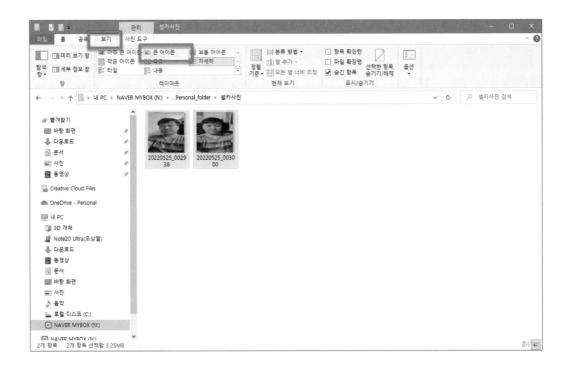

07 PC에서 네이버 MYBOX를 사용하지 않을 경우 마우스 오른쪽 버튼을 클릭하고 **네이버 MYBOX 탐색기 로그아웃**을 선택해야만 다른 사람이 내 사진을 볼 수 없습니다.

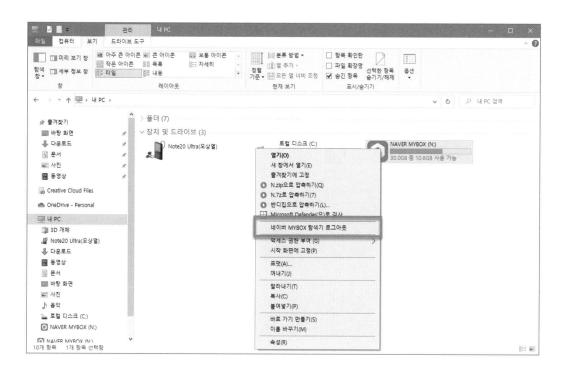

08 네이버 마이박스에 로그아웃을 한 후 아래와 같이 접근하면 에러 메시지가 나타나게 됩니다.

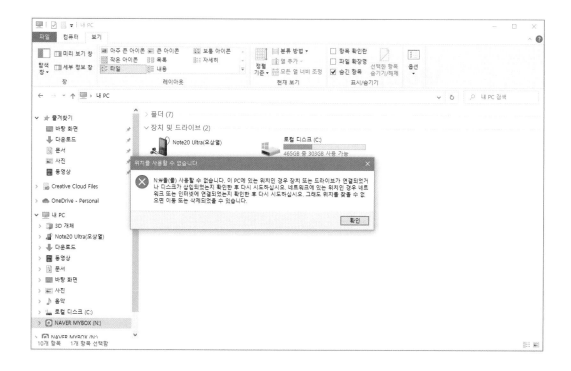

09 네이버 MYBOX를 다시 사용하려면 바탕화면의 아이콘을 더블클릭해서 열어줍니다.

10 아이디와 비밀번호를 입력한 후 로그인을 클릭합니다. 이후에는 앞에서 사용한 대로 내 PC에서 네이버 MYBOX 사진을 파일탐색기에서 사용할 수 있습니다.

➊ 스마트폰으로 주변의 풍경사진을 촬영한 후 파일탐색기에 연동된 NAVER MYBOX(N:)에 풍경사진 폴더를 만들어서 업로드해 보세요.

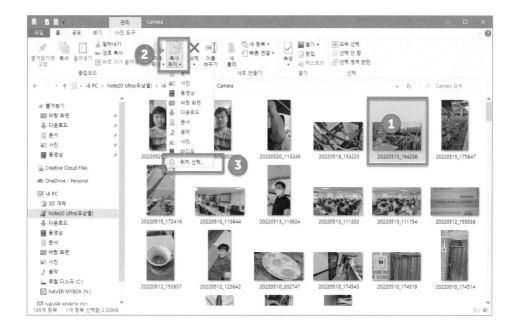

➋ 웨일 브라우저를 이용하여 픽사베이 사이트에서 "코스모스" 사진을 다운로드해 NAVER MYBOX(N:)의 풍경사진 폴더에 저장해 보세요.

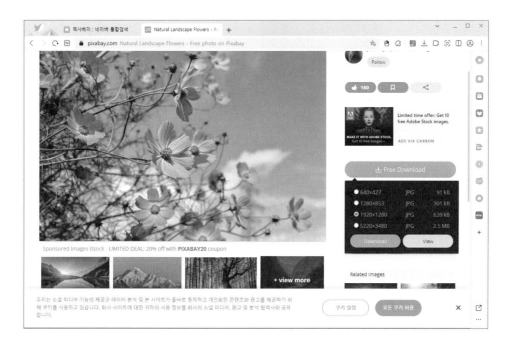

마이박스 사진편집하기

네이버 마이박스를 파일탐색기와 연동해서 사용하게 되면 그래픽 프로그램에서 사진을 가져와 편집한 후 꾸며진 사진을 클라우드에 곧바로 저장이 되도록 작업할 수 있습니다.

🔍 무엇을 배울까?

01. 포토스케이프에서 마이박스 사진을 가져오기

02. 포토스케이프에서 편집한 사진을 마이박스에 저장하기

⋯ 준비물 : 포토스케이프 X가 설치되어 있어야 하고, 마이박스에 연예인 사진을 10
장 이상을 업로드합니다.

01 바탕화면에서 포토스케이프 X를 실행한 후 사진 편집을 클릭합니다.

02 아래의 순서대로 마이박스에 있는 사진이 있는 폴더를 선택합니다.

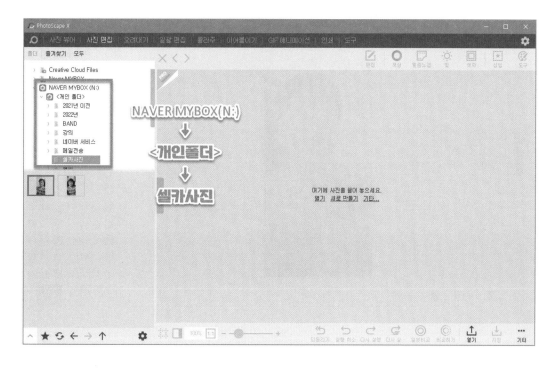

03 작업을 할 사진을 클릭하면 오른쪽 화면에 사진이 크게 나옵니다. 다양한 기능이 있지만 여기에서는 칙칙한 사진을 조절해 보겠습니다.

04 작업창 아래 부분의 도구에서 자동 레벨 - 적용, 자동 콘트라스트 - 적용을 선택합니다.

05 자동 레벨과 자동 콘트라스트를 작업한 결과의 차이를 확인할 수 있습니다. 탁한 사진이 그래도 어느 정도 보정이 되었습니다.

06 조정 - 비네팅 - 적용하면 사진 모서리가 검게 처리됩니다. 비네팅은 흰색, 닷지, 번, 검정 4가지가 있습니다.

07 포토스케이프 오른쪽 하단의 **저장** 버튼을 눌러서 대화상자가 나오면 **저장** 버튼을 한번 더 눌러줍니다. 원본은 사진-PhotoScape X 폴더에 보관하게 됩니다.

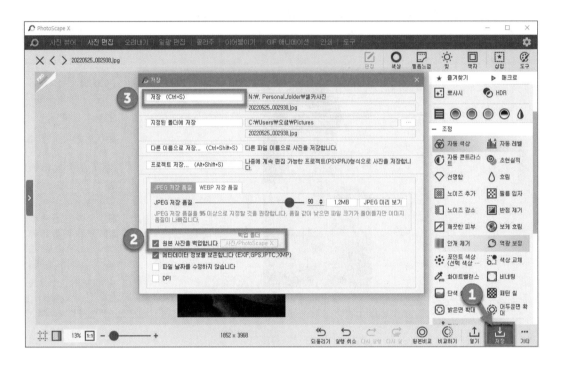

08 JPEG품질을 90%~95%로 압축해서 저장하게 되면 크기를 조금 줄여서 저장이 됩니다. 용량을 줄일 때는 품질 슬라이드바를 내려서 80%로 변경한 후 저장하여 용량을 비교해 보세요.

06-2 ··· **콜라주 만들기**

01 콜라주를 누른 후 10개의 사진이 들어갈 수 있는 템플릿을 선택합니다.

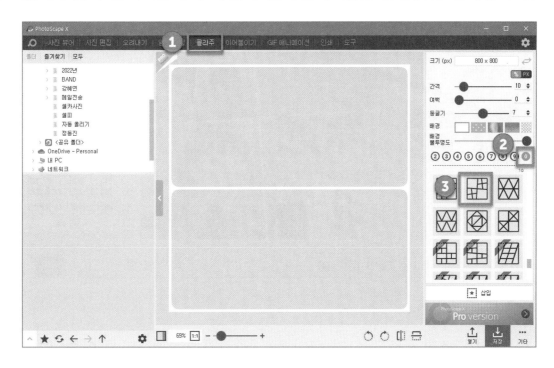

02 탐색창에서 마이박스에 올려진 연예인 폴더를 선택합니다. (미리 연예인 사진을 10장 이상 저장해 놓은 폴더입니다.)

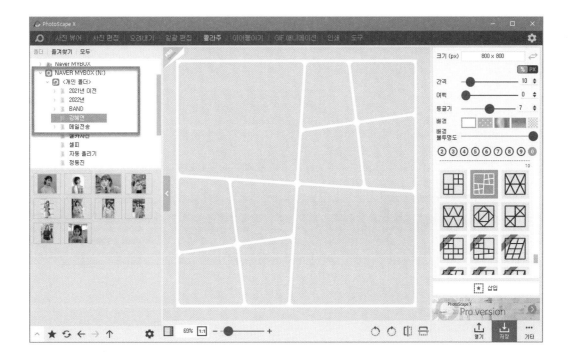

03 사진을 레이아웃에 드래그해서 위치를 설정해 줍니다. 레이아웃 구성이 끝났으면 오른쪽 하단에 있는 **저장** 버튼을 클릭합니다.

04 상단의 주소표시줄을 보면 클라우드 주소가 표시가 되어 있습니다. **파일 이름을 입력**한 후 **저장** 버튼을 클릭합니다.

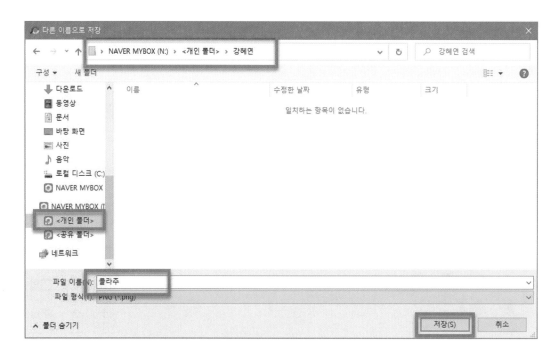

01 포토스케이프 X 화면 상단의 **GIF 애니메이션** 탭 메뉴를 클릭합니다.

02 애니메이션을 만들 사진이 있는 **폴더를 선택**합니다. 여기에서는 미리 저장해 놓은 연예인 사진 폴더를 선택합니다.

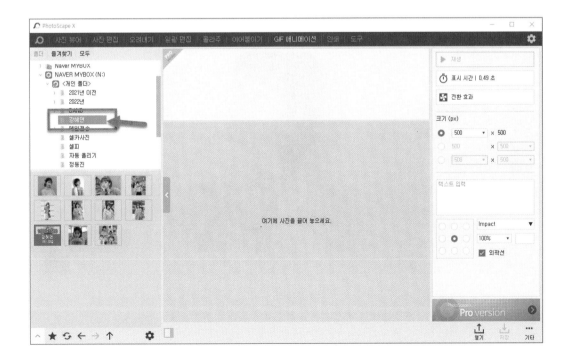

03 사진을 아래 화살표처럼 끌어다가 넣어주면 자동으로 움직이는 애니메이션 사진이 만들어집니다.

04 화면이 빠르게 변하므로 **표시 시간**을 클릭해서 표시 시간을 **1초**로 변경한 후 **모든 프레임에 적용**을 클릭합니다.

05 전환 효과 버튼을 클릭한 다음 오른쪽으로 전환을 선택한 후 모든 프레임에 적용을 클릭합니다.

06 만들어진 GIF 애니메이션의 저장 버튼을 클릭한 후 용량을 줄이기 위한 상자가 나오면 예(Y)를 클릭합니다.

07 네이버 마이박스에서 주소표시줄에 표시된 위치와 같은 폴더를 열어준 후, 파일명을 입력하고 **저장** 버튼을 클릭합니다.

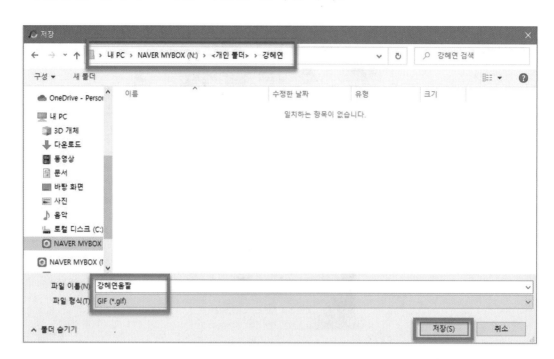

08 사진 10장을 애니메이션으로 작업하였으므로 용량이 늘어나는 것은 당연합니다. 클라우드에 저장하는 것이므로 저장할 때마다 오른쪽 하단의 트레이(알림상자)에는 아래와 같은 안내상자가 나오게 됩니다.

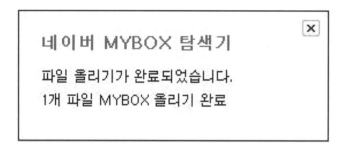

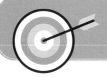
혼자 해 보기

❶ 사진편집에서 효과-색연필화로 아래처럼 만들어 저장해 보세요.

❷ 삽입-텍스트를 이용하여 아래와 같이 글자를 입력해서 편집한 후 저장해 보세요.

멀티미디어 올리기

유튜브에 올려진 동영상과 그 동영상 속에 포함되어 있는 음악 등은 무궁무진하게 많습니다. 듣는 것은 불법이 아니므로 유튜브에서 얼마든지 감상할 수 있는데, 듣다 보면 정말 꼭 스마트폰에 저장해 두고 싶은 노래와 영상이 있을 수 있습니다.

🔍 무엇을 배울까?

01. 유튜브에서 배경음악을 다운받아서 마이박스에 보관하기

02. 유튜브에서 동영상을 다운받아 마이박스에 보관하고 감상하기

01 원스토어를 실행한 후 화면 하단의 **검색(돋보기)**을 눌러줍니다.

02 **클립다운**을 검색한 목록에서 터치를 한 후 화면 하단의 **다운로드** 버튼을 눌러서 클립다운을 설치하고 열어줍니다.

03 만약 스마트폰에 **원스토어**가 설치되어 있지 않으면 **크롬** 브라우저를 실행한 후 **원스토어**를 검색하여 웹사이트로 이동합니다.

04 화면을 아래로 이동하면 보이는 **원스토어앱 설치하기**를 누른 후 **원스토어 다운로드**를 눌러서 설치를 진행합니다.

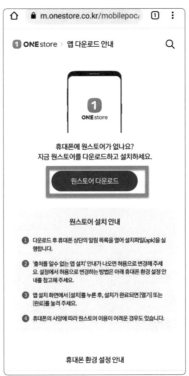

01 클립다운을 실행한 후 하단의 **다음**을 2회 누릅니다.

02 클립다운 이용하기를 누른 후 권한 허용을 몇 차례 눌러서 진행을 합니다. 이 장면은 다음에는 나타나지 않게 됩니다.

03 다른 앱 위에 표시하기 위해 아래와 같이 **설정**을 눌러서 진행을 한 후 오른쪽
장면에서 **ClipDown**을 켠 후 뒤로 되돌아 갑니다.

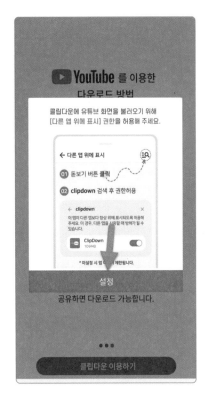 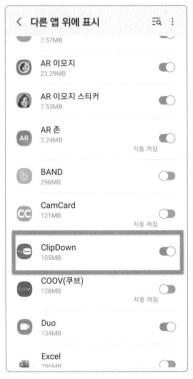

04 다운로드할 가수를 찾는데, 여기서는 **❶**"강혜연"을 입력한 후 내려받을 영상
에 해당하는 **❷화살표**를 누른 후 빨간색의 VIDEO를 터치합니다.

05 사용 동의 안내 상자가 나오면 **동의**를 터치하면 곧 바로 다운로드가 진행되는 것을 확인할 수 있습니다.

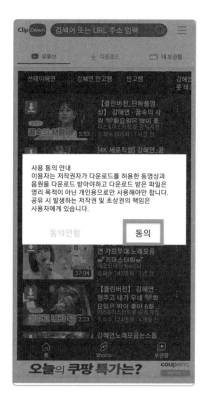

06 음악 파일로 다운로드 하기 위해, 아래와 같이 영상을 터치한 후 **다운로드** 버튼을 누릅니다.

07 파란색의 AUDIO 버튼을 누르면 다운로드가 진행되는 오른쪽 화면이 나오게
됩니다.

01 네이버 마이박스 앱을 실행한 후 상단의 **새 폴더(+)**를 누릅니다.

02 유튜브 폴더를 만들어준 후 **유튜브** 폴더를 탭해서 열어줍니다.

03 우측 하단의 **+(추가)** 버튼을 누르고 화면 하단의 **파일** 버튼을 누릅니다.

04 상단에서 **동영상**을 누르면 스마트폰에 저장된 동영상 목록이 나오는데, 최근에 받은 것이 **첫 번째이므로 터치**를 합니다. 여기서 **오디오**를 누르면 방금 다운로드한 음악 파일이 나오게 되겠지요?

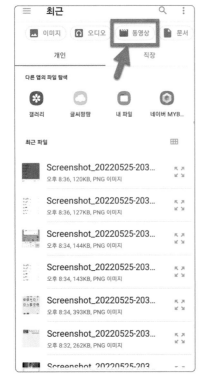 

05 동영상의 업로드가 진행되고 끝나면 왼쪽 화면같이 나오는데, 여기서 **완료 기록 삭제**를 눌러서 창을 닫고 나가면 됩니다.

06 업로드된 영상이 아래처럼 나열되는데, 보려는 영상 제목을 탭하면 해당 영상이 재생됩니다.

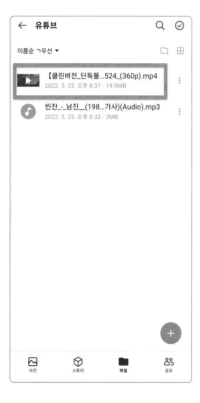
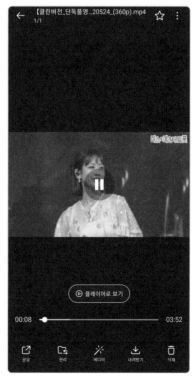

1 내 PC에서 엣지 브라우저를 이용하여 클립다운을 검색해서 설치해 보세요.

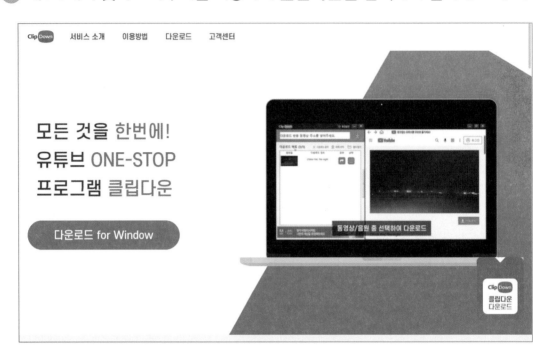

2 장윤정 목포행 완행열차를 다운로드해서 들어 보세요.

구글 포토 사용하기

구글에서는 사진과 동영상을 구글 포토라는 앱으로 관리하는데, 스마트폰에서 촬영한 사진을 구글 포토에 동기화를 해두었다면 모두 저장되어 있어 갤러리에서 삭제를 했어도 구글 포토에 보관되어 있으므로 안심할 수 있습니다.

 무엇을 배울까?

01. 구글 포토의 백업 및 동기화 끄기

02. 구글 포토로 사진 편집하기

03. 구글 렌즈로 카메라로 비춘 사물 검색하기

… 준비물 : 스마트폰으로 본인의 사진을 촬영해야 합니다.

01 Google 폴더를 열어서 **포토** 앱을 실행합니다.

02 우측 상단의 **계정** 아이콘을 눌러서 나오는 메뉴에서 **포토 설정**을 선택합니다.

03 백업 및 동기화가 사용 중이므로 눌러서 활성화된 것을 눌러서 **비활성화로 변경**합니다.

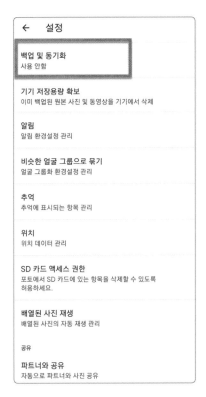

04 설정 작업이 끝났으므로 **뒤로** 버튼을 눌러서 되돌아 가면 우측 상단에 구름 모양에 **금지 표시**가 되었습니다.

01 포토에서 삭제할 사진을 길게 터치한 후 제거할 사진을 선택합니다.

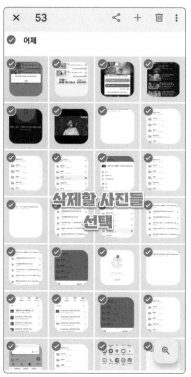

02 상단의 휴지통을 누른 후 하단에서 허용 버튼을 누릅니다.

컴퓨터 활용 꿀팁

스마트폰 갤러리에서 사진을 삭제하면 스마트폰에서만 제거되는데, 구글 포토에서 사진을 삭제하면 구글 포토에서도 사진이 삭제되고 스마트폰에서도 사진이 있을 때 삭제가 되므로 조심해야 합니다.

네이버 마이박스에서 보이는 사진은 마이박스에 올려진 사진만 볼 수가 있지만 구글 포토에서 보이는 사진은 스마트폰에 있는 사진과 구글 포토에 올려진 사진들 모두 보여지는 것이기 때문에 사진을 삭제할 경우에는 스마트폰에 있는 것인지 구글 포토에 있는 것인지 확인하고 삭제해야 합니다.

구글 포토에서 사진을 눌러서 상단에 구름 모양이 있으면 스마트폰에 있는 것이고, 구름 모양이 없으면 구글 포토에 올려진 사진입니다. 우측 상단의 점3개인 기타 옵션을 누르면 세부정보를 확인할 수 있습니다.

01 구글 포토 사진 보기에서 두 손가락으로 줌인/줌아웃을 해보세요.

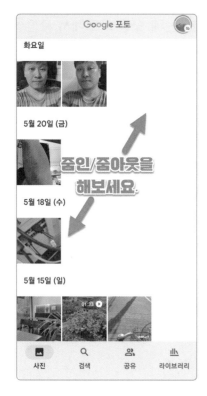 

02 줌인을 하면 사진보기가 커지면서 마지막에는 큰 사진보기가 됩니다.

01 사진을 한 장 선택한 다음 **수정**을 누른 후 **보정**을 선택합니다.

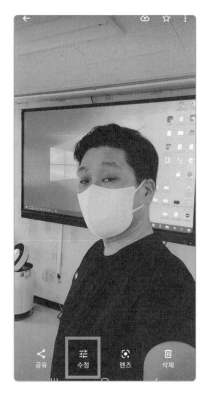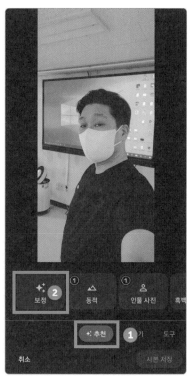

02 자동으로 밝기, 화이트밸런스 등이 설정이 되는데, **인물 사진**을 눌러서 배경
이 아웃포커싱된 결과도 확인합니다.

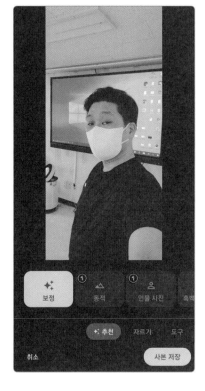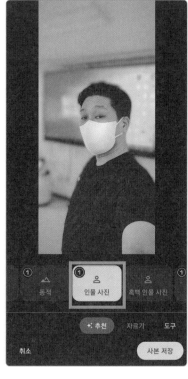

03 **흑백 인물 사진**을 눌러서 전체 흑백으로 변경해 보고, 컬러 팝을 눌러 인물만
컬러로 남겨지도록 합니다.

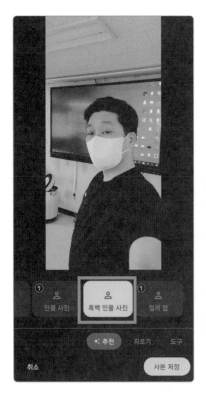 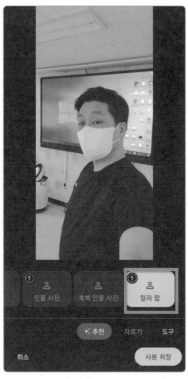

04 다시 원본에서 **수정**을 선택한 후 도구를 누르면 바로 위에 보조도구가 나옵
니다. **블러**를 눌러서 배경을 흐릿하게 변경합니다.

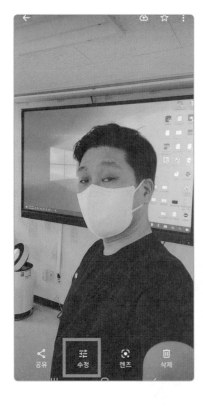 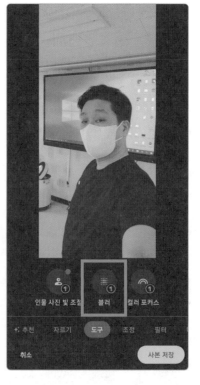

05 블러 값을 조절하면서 배경을 흐리게 처리할 수 있으며, **완료**를 눌러서 **사본 저장**으로 저장을 합니다.

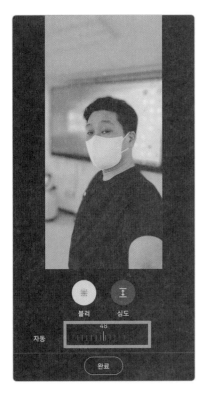
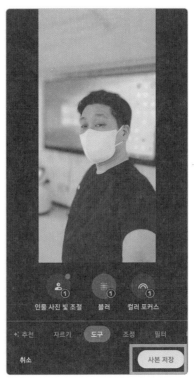

06 **추천**에서 **보정**을 누르면 자동으로 사진색상 등이 조절되고, 조정을 누르면 어떤 값이 변경된 것인지 확인할 수 있습니다.

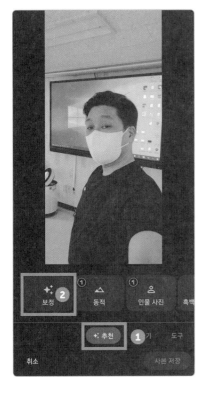
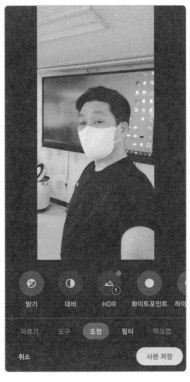

01 스마트폰의 카메라를 이용해 주변 사물을 검색할 수 있습니다. 구글 렌즈 앱을 실행하고 **카메라로 검색**을 누르고, 이 페이지의 위에 있는 드론 사진을 카메라로 비춥니다.

※ 구글 렌즈의 아래쪽에 있는 스크린샷, 이미지 항목에서 스마트폰 화면을 캡처한 사진이나 미리 촬영한 사진을 이용해 검색 작업을 수행할 수도 있습니다.

02 돋보기 모양의 **셔터** 버튼을 탭하면 카메라로 촬영된 드론을 검색합니다. 사진의 테두리를 드래그해 검색 영역을 지정할 수 있습니다. 검색된 결과에서 **쇼핑-해당 물건**을 터치하면 구매 사이트까지 찾아볼 수 있습니다.

03 아래의 QR 코드와 영어 문장을 Google 렌즈로 인식해 봅니다. 이 때 QR 코드는 **검색** 항목, 영어 문장은 **번역**이 선택되어 있어야 합니다.

Obstacles don't have to stop you. If you run into a wall, don't turn around and give up. Figure out how to climb it, go through it, or work around it.

1 구글 포토에서 사진을 열고 추천에서 **야광**과 **폭풍우**로 변경한 후 사본 저장해 보세요.

2 구글 렌즈를 이용하여 아래의 QR 코드를 인식해서 영상을 감상해 보세요.

Chapter

09

구글 포토 앨범과 영화

구글 포토를 이용하여 앨범, 영화, 콜라주, 애니메이션을 만들 수 있는 기능으로 여기서 만든 작업은 모두 구글 포토에 저장되어 있어서 스마트폰에는 직접 다운로드를 받아야 합니다. 아주 쉽게 만들기 때문에 다양한 기능을 기대하기는 어렵지만 간단히 빠르게 제작할 수 있어서 편리합니다.

🔍 무엇을 배울까?

01. 구글 포토에서 앨범 만들기

02. 포토에 올라온 사진과 동영상으로 영화 만들기

⋯ 준비물 : 스마트폰에 사진과 동영상이 있어야 합니다.

01 **라이브러리 - 앨범추가** 누른 후 제목을 입력하고 **완료**를 누릅니다.

02 **인물 및 반려동물 선택**을 눌러서 원하는 **인물을 선택**한 후 오른쪽 상단의 **확인**을 누릅니다.

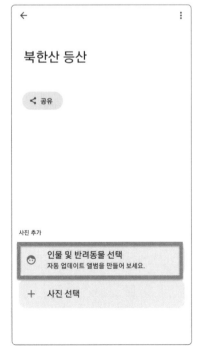

03 사진을 로드하는 중이라는 메시지가 한참 나온 후 오른쪽 그림처럼 앨범이 구성되면 상단의 **뒤로** 버튼을 누릅니다.

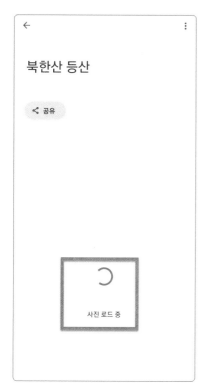

04 이제 라이브러리에 앨범이 만들어졌습니다. 앨범에 포함된 인물이 스마트폰으로 촬영되면 **자동 추가**가 됩니다.

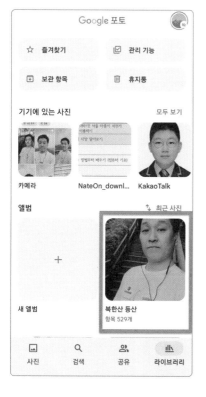

01 앨범을 선택한 후 ⋮(기타옵션)를 누른 후 **수정**을 선택합니다.

02 앨범에서 제거할 사진의 **X를 눌러 제거**하고 보조 설명을 추가하기 위해 **텍스트(Tt)** 버튼을 누릅니다.

03 앨범의 보조 설명을 입력한 후 √(확인)을 누르고 우측 상단의 **정렬** 버튼을 누릅니다.

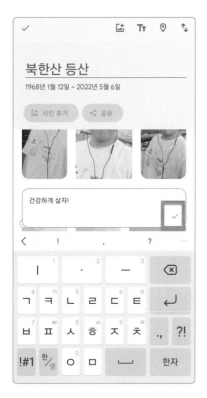 

04 **오래된 항목순**을 선택하면 앨범의 사진이 보여지는 것이 옛날 사진부터 나오게 됩니다.

05 : **(기타옵션)**를 누른 후 **옵션** 메뉴를 선택해서 사진 자동 추가를 안 시킬 얼굴을 제거합니다.

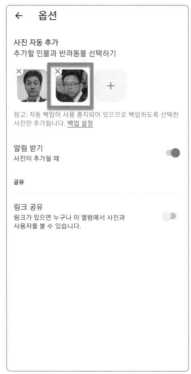

06 **중지**를 누르면 현재의 앨범에서 지금부터 스마트폰으로 촬영한 친구는 추가가 안됩니다. 앨범을 삭제하려면 : **(기타옵션)**를 눌러서 **앨범 삭제**를 누릅니다.

01 라이브러리 - 관리 기능에서 영화를 눌러 새 영화(+)를 선택합니다.

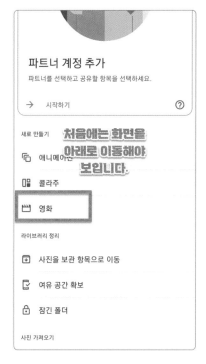 

02 사진과 동영상을 선택한 후 상단의 만들기를 누릅니다. 영화를 만든다는 것은 짧게 촬영한 동영상을 연결하는 기능 정도로 생각하세요.

 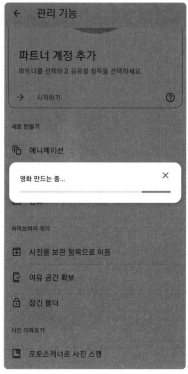

03 순서대로 위에서부터 재생되는데 음악을 넣기 위해 **음표** 버튼을 눌러서 **테마 음악**을 선택합니다.

04 테마 음악 중 하나를 선택한 후 상단의 확인을 누른 후 **저장**을 누르면 영화가 완성이 됩니다.

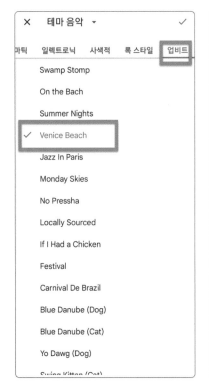 

05 하단의 **사진**을 선택한 후 만들어진 영화 썸네일을 선택한 후 재생되는 화면을 터치합니다.

06 재생중에 화면을 터치화면 하단에 **수정**이 보이면 눌러서 수정 화면으로 들어간 후 음악 등을 변경할 수도 있습니다.

07 : (기타옵션)을 눌러서 **앨범에 추가**를 선택합니다.

08 + 새 앨범을 누른 후 제목을 적당하게 입력한 후 **완료** 버튼을 누릅니다.

09 제목을 입력했으면 좌측상단에 √확인 버튼을 누른 후 상단의 **뒤로** 버튼을 눌러 구글 포토 홈으로 이동합니다.

10 라이브러리를 누르면 앨범에 추가된 것을 확인할 수 있습니다.

 # 혼자 해 보기

1 자신을 셀카로 촬영한 후 앨범으로 구성해 보세요.

2 풍경 사진 여러 장을 배경음악을 넣어서 영화로 만들어 보세요.

Chapter

콜라주와 애니메이션

이번 장에서는 콜라주, 애니메이션을 만들 수 있는 기능을 배워 보겠습니다. 여기에서 만든 작업은 모두 구글 포토에 저장되어 있어서 스마트폰에는 직접 다운로드를 받아야 합니다.

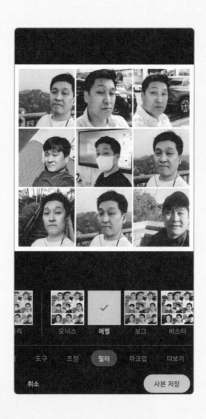

 무엇을 배울까?

01. 구글 포토를 이용해 콜라주 작업하기

02. 구글 포토에서 애니메이션 만들기

01 구글 포토 화면 하단의 라이브러리에서 관리 기능을 누른 다음, 새로 만들기의 콜라주를 누릅니다.

02 콜라주로 만들 사진 9장을 선택한 후 상단의 만들기를 누르면 간단하게 작성이 됩니다. 상단에 있는 콜라주를 누릅니다.

03 관련된 사진으로 생성에서 **확인**을 누른후 : **(기타옵션)**을 누릅니다.

04 **다음 용도로 사용**을 선택하면 화면 하단에 몇 가지 용도가 나오는데, 사진이 므로 **홈 화면**을 눌러서 배경화면으로 사용할 수 있습니다.

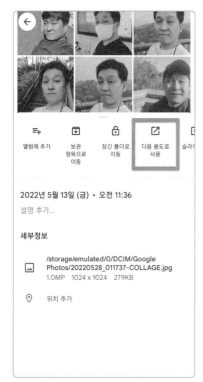

05 콜라주가 배경으로 적용되게 하려면 하단의 **홈화면에 설정**을 누르면 됩니다. 색상 변경을 하기 위해 하단의 **수정** 버튼을 누릅니다.

06 여러 가지 효과가 있는데 왼쪽으로 스와이프를 해서 **에펠**을 선택한 후 하단의 **사본 저장**을 누릅니다.

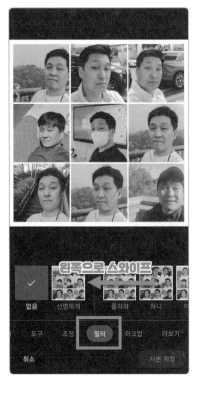 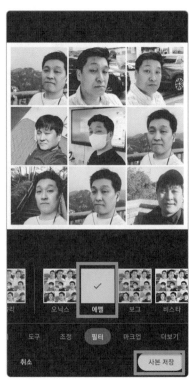

01 라이브러리-관리기능을 차례대로 선택 후 애니메이션을 누릅니다.

02 사진을 50개 내로 선택한 후 상단의 만들기를 누르면 애니메이션 만들기 작업 후 재생이 됩니다. 뒤로 버튼을 눌러 되돌아 나갑니다.

03 앨범에서 방금 만든 애니메이션을 찾아서 누르면 재생이 되는데, 이때 우측 상단의 ⋮(기타옵션)을 누릅니다.

04 **기기에서 삭제**는 애니메이션이 구글 포토에 있는 것이 아니라, 스마트폰에 저장되어 있다는 것을 알 수 있습니다.

10-3 ··· 휴지통 복원과 비우기

01 구글 포토에서 **라이브러리**를 누른 후 **휴지통**을 눌러줍니다.

02 상단의 **선택**을 눌러서 복원할 사진을 선택한 후 **복원**을 누릅니다.

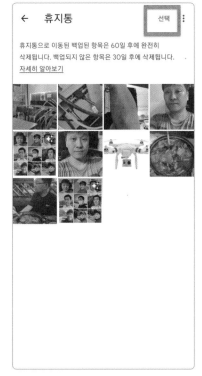
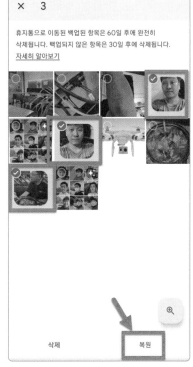

03 꺼내도록 허용할 것인지 묻는 상자가 나오는데, **허용**을 누르면 복원이 끝나 게 됩니다. 이번에는 우측 상단의 **⋮(기타옵션)**을 눌러줍니다.

04 **휴지통 비우기**를 누르면 사진을 삭제하도록 허용할 것인지 묻는 메시지가 나 오는데 여기서 **허용**을 누릅니다.

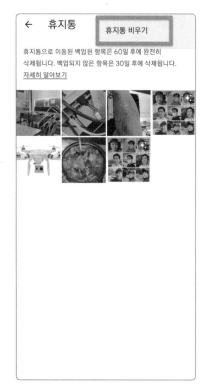 

05 포토에서 사진을 삭제하겠다는 상자가 나오면 **삭제** 버튼을 눌러서 휴지통이 비게 만든 후 **뒤로** 버튼을 눌러 빠져나옵니다.

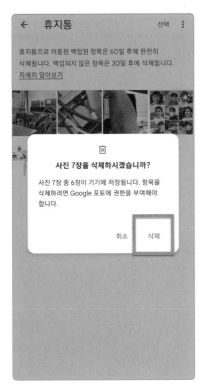 

※ 구글 포토에서 사진을 삭제할 때는 스마트폰에 있는 사진도 삭제가 되어 휴지통에 보관이 되어 있습니다. 복원을 할 경우 다시 스마트폰에 되돌아가지만 휴지통 비우기를 하게 되었을 경우에는 복원할 수 없게 됩니다. 가급적 구글 포토에 올려진 사진은 스마트폰에서 제거해서 스마트폰의 저장 용량을 확보하는 것이 좋습니다.

컴퓨터 활용 꿀팁

01 **라이브러리-관리 기능-여유 공간 확보**를 진행합니다.

02 **허용**을 누르면 작업 진행 후 **스마트폰 공간**을 확보하게 됩니다.

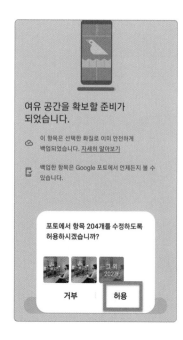

혼자 해 보기

❶ 풍경 사진 3-4장씩으로 콜라주 3개를 만들어 보세요.

❷ 만들어진 콜라주 3개를 애니메이션으로 만들어 보세요.